ISBN: 978-3-9504217-8-1
Träum weiter

Verlag: serendii publishing Siegendorf
Design & Layout: Glitchcat
www.träum-weiter.at

träum weiter

Peter Alexander Hackmair

(serendii)

Inhalt

8	**4 Dinge vorab**
10	**Mission**
16	**5 Hürden**
18	Erziehung und Schule
22	Kapitalismus und Konsum
26	Angst vorm Loslassen
30	Angst vorm Scheitern
34	Angst vor der Erfüllung
40	**15 Fragen**
42	Träumst du noch?
52	Wer bist du?
62	Folgst du deiner Begeisterung?
72	Hast du schon genug ausprobiert?
84	Träumst du noch oder tust du schon?
100	Lernst du noch?
118	Glaubst du an dich?
130	Setzt du dir Ziele?

146 Wie gehst du mit Rückschlägen um?
154 Bist du mutig?
166 Nimmst du dir genug Auszeiten?
176 Folgst du deiner Intuition?
188 Teilst du?
204 Mit wem umgibst du dich?
222 Fällt es dir schwer, loszulassen?

234 Nachwort

4 dinge

vorab

1.

In diesem Buch findest du Auszüge aus den jeweiligen Lebensgeschichten.

Das ganze Gespräch mit dem jeweiligen Talkgast
findest du auf: www.träum-weiter.at/talks

2.

Deinem Lesefluss zuliebe habe ich das Gendern auf ein Minimum reduziert.
Aber natürlich darfst du dich, egal ob Männlein oder Weiblein,
immer angesprochen fühlen.

3.

Ich möchte inspirieren statt missionieren.
Falls es doch passiert, bitte einfach ignorieren.

4.

Wer Fehler findet, darf sie behalten.

mission

„Was ist dein Traum?"

Mit dieser Frage fordern mich meine beiden Freunde und Mentoren Hermann und Katzi von der „DreamAcademia" regelmäßig heraus, meinen Weg immer wieder zu hinterfragen, zu reflektieren und bewusst zu gehen. Vor allem seit ich meinen größten Kindheitstraum, Fußballprofi zu sein, hinter mir gelassen hatte, ist diese Frage immer wieder zu einer großen Herausforderung für mich geworden.

Im Laufe meiner 15-monatigen Weltreise begann ich selber, diese Frage anderen Menschen zu stellen. Eigentlich aus der Not heraus: Sie erlöste mich von den gleichen, immer wiederkehrenden, langweiligen Smalltalks. Falls du selber schon mal länger gereist bist, kennst du das Spiel:

„What is your name?"

„Peter Alexander."

„How old are you?"

„26."

„Where are you from?"

„Austria – No, we don't have kangaroos. Yes, Mozart, mountains and skiing."

„Do you have brothers and sisters?"

„Yes, I have one brother. He is 18 years old."

Als ich zum gefühlten 123. Mal immer dieselben Fragen beantworten musste, drehte ich irgendwann den Spieß um. Noch bevor mein Gegenüber zum „What“ ansetzen konnte, kam meine neue Lieblingsfrage schon wie aus der Pistole geschossen: „What is your dream?“

Mit einem Schlag öffnest du eine ganz andere Tür und steigst auf einer tieferen Ebene in den Dialog ein. Oder gar nicht. Denn entweder sprudelt die Antwort aus deinem Gesprächspartner vor lauter Begeisterung nur so heraus oder aber es wird plötzlich mucksmäuschenstill und du blickst in ein verblüfftes, manchmal auch sehr trauriges Gesicht.
Bereits auf meiner Weltreise, aber noch viel mehr wieder daheim in Österreich, musste ich feststellen, dass die meisten Menschen mit dieser Frage völlig überfordert sind. Es stimmt mich traurig, dass sich kaum jemand bewusst mit seinen Träumen auseinandersetzt, geschweige denn diese verfolgt. Egal ob in meiner Familie, meinem Freundes- oder Bekanntenkreis, egal ob bei meinen unzähligen Vorträgen, Workshops oder Schulbesuchen oder einfach nur in spontanen Begegnungen auf der Straße, am Berg, am Flughafen, am Fußballplatz oder in in einem Café, die wenigsten Menschen, denen ich begegne, tun das, was sie begeistert.

Für mich war dies Anlass genug, diesem Problem auf den Grund zu gehen und zu versuchen, etwas daran zu ändern. Denn sollte es nicht das Normalste der Welt sein, dass jeder Mensch sein Leben aktiv gestaltet, seine Träume verfolgt und zumindest versucht, das schönste Leben zu leben, das er sich vorstellen kann?

Und so habe ich mich in den letzten drei Jahren sehr intensiv mit den Träumen der Menschen beschäftigt, auch mit ihren verlorenen und geplatzten Träumen. Ich habe 25 gewöhnliche und außergewöhnliche, inspirierende und erfolgreiche, zufriedene und glückliche Persönlichkeiten in meine Talkshow eingeladen, um mit ihnen – sehr persönlich und tiefgründig – über ihr Leben, ihre Ziele, ihre Träume, aber auch ihre Hürden, ihre Ängste und ihre Zweifel zu sprechen. Mit manchen wurde es so privat, dass sie mich baten, den Talk nicht online zu stellen. Ihre zum Teil sehr tiefgreifenden und berührenden Erfahrungen habe ich aber in dieses Buch einfließen lassen dürfen. Aus Respekt aber natürlich nicht unter ihren Namen.
Ich habe ganz bewusst Persönlichkeiten aus den verschiedensten Bereichen ausgewählt. Von jung bist alt, weil wir von jedem Menschen lernen können. Von sehr berühmt bis völlig unbekannt, weil jeder eine Geschichte zu erzählen hat.

Zusätzlich zu den TräumWeiterTALKS habe ich mich von sämtlichen Büchern, Blogposts und (TED-)Talks zu diesem Thema inspirieren lassen und auch abseits der Kamera viel beobachtet und zugehört, dutzende, vielleicht hunderte Dialoge geführt: Sehr oft mit Kindern, die die größte Inspiration beim Träumen sind, da sie sich keine Grenzen setzen.

Mit Frauen und Männern, In- und Ausländern, Obdachlosen und Millionären, Schülern und Lehrern, Studenten und Pensionisten, Unternehmern und Arbeitslosen, Arbeitern und Angestellten, Sportlern und Künstlern, Aussteigern und Einsteigern.

So unterschiedlich all diese Lebensgeschichten auch sind, so ähnlich sind oft die Probleme und auch die Lösungen. Und genau diese „Rezepte" habe ich hier für dich zusammengefasst. In diesem Buch findest du die wichtigsten Erkenntnisse und Erfahrungen aus den Leben all dieser Menschen. Ergänzt und verfeinert durch meine eigenen.

Vor drei Jahren übersiedelte ich nach Wien, mit der Absicht Deutsch und Sport als Lehramt zu studieren. Erst schob ich es um ein Jahr auf, um „Freigereist" fertig zu schreiben, dann hob ich es auf, um stattdessen ein (Selbst-)Studium zu beginnen: „Träum weiter" war geboren. Statt auf der Uni Theorie pauken zu müssen, habe ich so im „wirklichen" Leben lernen dürfen. Statt mich nur für 20, 50 oder 80 Prozent des Stoffes zu interessieren, habe ich mich zu 100 Prozent mit dem beschäftigen dürfen, was mich wirklich begeistert. Statt mich nur mit Deutsch und Sport auseinanderzusetzen, habe ich den – zumindest für mich – wichtigsten Fragen des Lebens nachgehen dürfen. Statt fünf Jahre zu studieren, um dann vielleicht einen Job als Lehrer zu erhalten, war ich in diesem Projekt von der ersten Stunde an Schüler und Lehrer zugleich. Statt einen x-beliebigen Professor vor die Nase gestellt zu bekommen, habe ich mir meine Lehrer und Mentoren ausschließlich selber aussuchen dürfen. Die wichtigsten Denkanstöße und Inspirationen, von denen ich in den letzten drei Jahren so viel lernen durfte, möchte ich nun mit dir teilen und dir mit auf deinen Weg geben. Viele Fragen und Ideen, die auch mir geholfen haben, wieder neu durchzustarten. Antworten wirst du in diesem Buch allerdings keine finden. Die darfst du selber entdecken. Sie stecken in dir.

5 hürden

am weg zu deinem traum

1.2.3.4.5.

Erziehung & Schule

Als Kind sprühst du nur so vor Träumen: Du willst Fußballprofi werden, Schauspielerin, Astronaut, Musikerin, Feuerwehrmann, Eisverkäuferin, Schokoladenfabrikant, Tiefseetaucherin. Du willst die Welt bereisen, Sprachen lernen, Bücher schreiben. Du willst heiraten, ein schönes Haus bauen, eine heile Familie gründen.

Vielleicht haben dir deine Eltern aber schon früh klar gemacht, dass du mit dem Träumen besser gleich wieder aufhören sollst. Nicht weil sie dich nicht lieben, sondern WEIL sie dich lieben: Es würde ihnen das Herz brechen, wenn du enttäuscht wirst. Ihre Träume haben sich vielleicht auch nicht erfüllt.
Warum sollte es bei dir anders sein?

– „Genieß' deine Jugend. Danach wird das Leben schwer genug."

– „Das Leben ist kein Wunschkonzert.
Bereit' dich auf den Ernst des Lebens vor."

– „Lern' was Vernünftiges. Damit auch etwas wird aus dir."

Kommen dir diese Sätze bekannt vor? Worte haben Macht. Solche Glaubenssätze machen es sich zumindest in deinem Unterbewusstsein so richtig bequem und sind schwer wieder rauszukriegen. Du solltest deine Eltern und Großeltern dafür aber nicht verurteilen. Diese Glaubenssätze geben sie besten Wissens und Gewissens an dich weiter. Sie sind gut gemeint. Das Problem ist nur, dass sie aus einer ganz anderen Zeit stammen.

Diese Generationen wuchsen unter ganz anderen Voraussetzungen auf, mit ganz anderen Problemen und Aufgaben. Während ihre Herausforderung vielleicht noch war, zu überleben, darf es deine sein, zu leben.

Parallel zu deinem familiären Umfeld sorgt vor allem die (Regel-)Schule dafür, dass du deine Träume früh aus den Augen verlierst. Anstatt mit dem Zeit verbringen zu dürfen, was dich interessiert und begeistert, musst du das lernen, was sich irgendwann mal irgendwer ausgedacht hat. Und wirklich lernen tust du es ja sowieso nicht. Maximal auswendig. Schließlich lernst du ja nicht für dich, sondern für die Prüfung. Im besten Fall erschummelst du dir eine gute Note. Das fördert zumindest Mut und Kreativität.

Erwin Wagenhofer bringt es in seiner wunderbaren Dokumentation „Alphabet" mit einer Statistik auf den Punkt: „98 Prozent der Menschen kommen hochbegabt auf die Welt. Nach der Schule sind es nur mehr zwei." Die Schule ist nicht da, um dich am Weg zu deinem Traum zu begleiten, sondern um dich auf unser System vorzubereiten. Und dieses System kann nichts mit Träumern, Freigeistern und Querdenkern anfangen. Die passen nicht rein. Als Schul- oder Studienabgänger wirst du dann als ein am Fließband perfekt gefertigtes Produkt wieder ausgespuckt. Genormt und geprüft, genau so, wie dich der Kunde, nämlich die Wirtschaft, freudig erwartet.

1. **2.** 3. 4. 5.

Kapitalismus & Konsum

Nach der Schule empfängt dich unsere Wirtschaft nicht nur als fleißige Arbeitsmaschine, sondern natürlich auch als kauffreudigen Kunden. Schließlich müssen wir jedes Jahr ein Wirtschaftswachstum erzielen. Sonst frisst uns bald der Zinseszins der Staatsverschuldung auf. Aber davon spricht natürlich keiner. Im Gegenteil prahlen unsere Politiker in den Wahlkämpfen mit dem jährlich steigenden Bruttoinlandsprodukt und anderen schicken Halbwahrheiten.

Ob das auf unserer Erde, die begrenzte Ressourcen hat, möglich, geschweige denn sinnvoll ist, darf zwar jeder für sich selber entscheiden, aber ich bin davon überzeugt, dass unsere Kinder und Enkelkinder die Rechnung präsentiert bekommen, wenn wir unsere Umwelt, sowohl uns Menschen, die Tiere als auch unsere Natur, weiterhin so ausbeuten. Die Politik rechtfertigt das angestrebte Wirtschaftswachstum oft mit den damit entstehenden Arbeitsplätzen oder wie der Kabarettist und Schauspieler Roland Düringer sie bezeichnet, die „Einkommensplätze“.

Du musst schließlich Geld verdienen, um halbwegs über die Runden zu kommen: Und hin und wieder willst du dir ja auch etwas gönnen: ein neues Auto, einen Urlaub in einem schönen 4-Sterne-Resort, einen neuen Flat-TV, ein neues Smartphone, einen Shopping-Nachmittag auf der Mariahilfer Straße.

Aber hast du dich schon mal gefragt, ob du diese Dinge auch wirklich brauchst? Oder glaubst du vielleicht nur, sie zu brauchen? Vielleicht, weil sie dir die

Werbung so verkauft? Oder sie deine Freunde auch haben? Oder weil sie einfach „cool“ sind? Könnte es also sein, dass du auch deshalb so viel arbeitest, um dir Dinge kaufen zu können, die du eigentlich gar nicht brauchst?

Prüfe einmal ganz genau, ob du irgendwelchen (Geld-)Schein-Träumen hinterherläufst. Träume, die eigentlich gar nicht deine sind, sondern die des Systems, um es aufrecht zu erhalten. Je weniger materielle Bedürfnisse du dir von außen eintrichtern lässt, desto weniger musst du arbeiten und desto mehr Zeit und Geld bleiben dir für das, was du wirklich brauchst.

Roland Düringer, unser erster TräumWeiterTALK-Gast, hat das nach eigenen Angaben selber erst relativ spät in seinem Leben kapiert. Er ließ es zwanzig Jahre lang ordentlich krachen und schmiss das Geld – in erster Linie für Autos und Motorräder – beim Fenster raus, ehe er begann, das System zu hinterfragen, sich selbst neu zu erfinden und zu verstehen, worum es wirklich geht:

Frei zu sein bedeutet nicht, durch ein Shopping Center zu gehen und dir alles kaufen zu können, sondern durchzugehen und nichts zu finden, dass du für dein Glück brauchst.

Roland Düringer

1.2.**3.**4.5.

Angst vorm Loslassen

In dem eher unwahrscheinlichen Fall, dass es dir trotz der Störfaktoren Erziehung, Schule und unserem kapitalistischen System gelungen ist, immer noch deine Träume zu verfolgen oder in dem sehr glücklichen Fall, dass du eine der Nadeln im Heuhaufen bist, die von ihren Eltern und der Schule bestärkt und gefördert wurden, wartet Hürde Nummer 3 auf dich: das Loslassen.

Als Träumer stehst du meistens ziemlich alleine da. Niemand versteht dich: „Warum kannst du nicht auch so sein wie alle anderen?“ Du bist ein gefährlicher Spiegel für die Menschen in deinem Umfeld. Wenn du dein Ding machst, fragen sie sich in ihrem tiefsten Inneren vielleicht, ob sie das nicht besser auch tun sollten. Oder lieber doch nicht: Sich mit sich selbst auseinanderzusetzen ist gefährlich, gegen den Strom zu schwimmen zu anstrengend.

Während es sich die anderen also lieber in ihrer Komfortzone gemütlich machen und dir zum Geburtstag wünschen, dass du „so bleibst wie du bist“, sehnst du dich nach Veränderung und Selbstverwirklichung. Und genau da kommt die große Hürde ins Spiel: Dafür musst du vielleicht ausbrechen und dein Umfeld verändern. Die Verwirklichung deiner Träume funktioniert nur mit Gleichgesinnten, die dich verstehen und dich auf deinem Weg unterstützen. Nicht mit Pessimisten und Suderanten[1], die dich runterziehen und dir im Weg stehen.

Wenn es sich bei diesen Energieräubern aber um deine Freunde oder gar deinen Lebenspartner handelt, dann wird's kompliziert. Denn dann geht es bei deinen Verlustängsten nicht mehr „nur“ um Arbeit und Geld, sondern

 [1] *Personen, die sich oft und gerne beklagen.*

um Menschen, die dir am Herzen liegen. Und dann kriegst du plötzlich Angst, diese Menschen zu verlieren, weil sie dich nicht (mehr) verstehen. Je konsequenter du deinen eigenen Weg gehst, desto mehr distanzierst du dich von ihnen. Wegen deinem schlechten Gewissen triffst du sie dann doch noch hin und wieder. Immerhin habt ihr viel miteinander erlebt und wart immer füreinander da. Aber ihr verliert mehr und mehr den gemeinsamen Nenner. Mehr als Smalltalk ist nicht mehr drin.

Noch komplizierter wird's, wenn du Energieräuber in deiner Familie hast. Freunde kommen und gehen, Partner vielleicht auch. Aber die Familie, die kann man nicht einfach so austauschen.

Und wenn du dann doch all deinen Mut zusammengenommen hast und konsequent deinen Weg verfolgst, dann wirst du irgendwann feststellen, dass du die wirklich wichtigen Menschen in deinem Leben gar nicht verlierst. Denn sie werden dich zwar vielleicht nicht verstehen, aber wenn sie dich lieben, deinen Weg akzeptieren, sich mit dir freuen, dass es dir gut geht und dich weiterhin begleiten. Die Beziehung zwischen euch wird dann nicht schlechter, sondern einfach nur anders. Und die weniger Wichtigen werden sich aus deinem Leben verabschieden und für neue Begegnungen und Freundschaften das Feld räumen. Was die Familie betrifft: Wenn sie im „Worst Case“ nicht zu deiner Veränderung steht, dann kannst du sie zwar nicht austauschen, aber definitiv ergänzen. Du kannst jeden Menschen, den du liebst, in deine „kosmische Familie“ einladen.

1.2.3.**4.**5.

Angst vorm Scheitern

Die ersten drei Hürden hast du also gemeistert: Du hast dir deine Träume (zurück) ins Bewusstsein geholt und tust alles dafür, um sie auch zu verwirklichen. Dafür hast du dir ein Umfeld geschaffen, das dich dahingehend unterstützt und begleitet. Dabei gilt übrigens folgende Faustregel:

Du bist der Durchschnitt jener fünf Personen, mit denen du am meisten Zeit verbringst.

Die äußeren Faktoren hast du also auf deinen Traum ausgerichtet. Jetzt aber wartet die nächste Hürde auf dich: die Angst vorm Scheitern. Vielleicht hast du einen ganz großen Traum, einen, den man nicht einfach so im Vorbeigehen erreichen kann. Die ersten Schritte waren durchaus erfolgreich. Es fühlte sich so gut an, genau das zu tun, was dich am meisten erfüllt. Aber jetzt geht irgendwie nichts mehr weiter. Du bist immer noch ziemlich weit weg von deinem großen Ziel und das Geld reicht auch immer noch nicht. Du stehst an und beginnst zu zweifeln: „Was, wenn es mit meinem Traum doch nicht klappt?" Immerhin hast du vieles hinter dir gelassen: deinen sicheren Job, deine schöne Wohnung, deine ehemaligen Freunde.

Plötzlich bekommst du Angst. Schließlich kannst du jetzt nicht einfach aufgeben und so tun, als wäre dir dein Traum eh nicht so wichtig gewesen. Außerdem willst du ja auch gar nicht in dein altes Leben zurück. Deshalb gilt es, erst einmal Ruhe zu bewahren und abzuwarten. Das Leben besteht eben aus Höhen und Tiefen. Sie sind ganz normal. Wenn du deinen Traum verfolgst, ist das Schöne daran, dass du Tiefen besser annehmen kannst, weil hinter deinem Tun ein Sinn steckt. Das treibt dich an.

Vielleicht bist du auf dem Weg zu deinem großen Traum aber auch etwas zu ungeduldig geworden. Rom wurde auch nicht an einem Tag erbaut. Es hilft, dir Etappenziele zu stecken. Zwischenzeitliche Erfolgserlebnisse motivieren dich und fördern dein Selbstvertrauen. Und wenn du etwas wirklich willst, du dich mit ganzem Herzen diesem Traum verschrieben hast, dann wird auch das Universum mitspielen.

1.2.3.4.5.

Angst vor der Erfüllung

Nachdem du also auch die Angst vorm Scheitern überwunden hast, wartet die letzte Hürde auf dich: die Angst vor der Erfüllung.

Aber warum? Warum solltest du Angst vor der Verwirklichung deines Traumes haben? Aus zwei Gründen: Erstens besteht die Gefahr einer Sinnkrise: Du hast so lange für deinen Traum gekämpft, nie aufgegeben, sämtliche Auf und Abs durchlebt. Und trotzdem war dein Traum immer so weit weg. Bis jetzt. Plötzlich ist er aber ganz nah. Was vor kurzem noch eine kühne Traumvorstellung, eine völlige Utopie war, wird plötzlich greifbar, real, völlig normal. Du hast alles erreicht, wofür du so lange, vielleicht dein ganzes Leben lang, gearbeitet hast. Du bist am Ziel! Und jetzt?

Du spürst, dass die Zeit reif ist, dich zu verändern. Aber hast keine Ahnung wie. Schließlich hast du die letzten Jahre, vielleicht dein ganzes Leben, alles diesem einen Traum untergeordnet. Kannst du überhaupt irgendetwas anderes? Wirst du dich je wieder für etwas so sehr begeistern können?

Eine Tür geht zu, viele andere gehen auf. Auch wenn du es in der Situation nicht glauben kannst: Das Leben hat noch sehr viel mehr zu bieten: Du darfst es zulassen, reinlassen, dich darauf einlassen. Wenn du offen für Veränderung bist, wirst du plötzlich erleben, wie dir vieles zufliegt: neue Partner, Freunde, Jobs und vieles mehr.

Neben der Sinnkrise gibt es noch einen anderen Grund für die potenzielle Hürde Nummer 5: Deine Schuldgefühle. Warum darfst gerade du dir deinen

Traum erfüllen? Warum nicht auch alle anderen? Ein paar Leute werden sich vielleicht mit dir freuen, viele werden aber neidisch sein. Denn wie schon erwähnt: Du bist ihr Spiegel. Am Beginn haben sie dich noch als „Träumer" abgestempelt, jetzt hast du ihnen aber bewiesen, dass der Weg zu deinem Traum, der Weg zu dir, sehr erfolgreich sein kann. Und dich vor allem glücklich macht.

Doch nur wenn du deine Träume verfolgst, hilfst du auch dem großen Ganzen, oder wie Paulo Coelho es nennt, „der Weltenseele". Alleine schon dadurch, dass du es vorlebst, positive Energie verbreitest und Inspiration für andere sein kannst.

Aber Achtung: Missionierungsgefahr! Deine Träume zu leben birgt immer auch die Gefahr, andere Menschen zu ihrem Glück zwingen zu wollen. Veränderung basiert allerdings immer auf intrinsischer Motivation, auf eigenem Antrieb. Man kann Wege aufzeigen, aber beschreiten muss sie jeder selber.

Warum Hürden so wichtig sein können:

Bevor du mit dem Träumen und Umsetzen beginnst, ist es wichtig, überhaupt einmal zu wissen, was dir eigentlich im Weg steht. Mach' dir bewusst, was deine ganz persönlichen Hürden sind. Sie können natürlich auch in ganz anderer Reihenfolge auftreten. Und vor allem immer wiederkehren. Hürden kannst du nicht wie andere To-Dos einmalig von deiner Liste streichen. Andreas Altmann, einer meiner Lieblingsautoren, behauptet von der Beseitigung von Vorurteilen: „Sie sind wie Dreck unter den Fingernägeln.

Du musst dich täglich davon befreien." Mit Hürden ist das so ähnlich. Vielleicht nicht täglich, aber sehr wohl immer wieder. Vor allem wenn sich der Dreck schon über längere Zeit sehr hartnäckig unter deinen Nägeln festgesetzt hat. Und manchmal hilft es, sie zu schneiden.

Der krebskranke Professor Randy Pausch brachte es kurz vor seinem Tod in seiner „Last Lecture" auf den Punkt:

Hürden sind wunderbar. Sie sind ein wesentlicher Bestandteil am Weg zu deinem Traum. Sie zeigen dir, wie ernst du es wirklich meinst. Gibst du schnell auf, war es dir wohl nicht so wichtig. Bleibst du aber dran, ist es dein Ding, deine Aufgabe, dein Traum.

15 fragen

die sich jeder träumer stellen sollte

1.

Träumst du noch?

Es war einmal eine Zeit, in der wir alle geträumt haben.
Nämlich als Kinder. Bis uns unsere Eltern rieten, uns doch lieber auf den Ernst des Lebens vorzubereiten. Oder wir in der Schule viel Zeit mit zu vielen Fächern verschwenden mussten, die uns nicht interessieren. Schritt für Schritt haben viele von uns ihre Träume aus den Augen verloren. Und die wenigen, die es geschafft haben, weiterzuträumen, werden oft als Träumer oder Spinner abgestempelt und aus der Gesellschaft ausgeschlossen.

Warum solltest du überhaupt träumen?

Im Großen und Ganzen geht es dir doch eh recht gut: Deine Beziehung ist in Ordnung, dein Job ganz okay, dein Chef kein Arschloch, dein Gehalt passt und ein bisserl Freizeit bleibt ja auch noch.
Genau das ist das „Problem“. Wenn insgesamt eh alles ganz okay ist, beginnst du irgendwann, es dir in deiner Komfortzone gemütlich zu machen. Es könnte ja auch viel schlimmer sein, oder? Stimmt! Aber vielleicht könnte es ja auch noch viel besser sein: Stell' dir vor, wenn du deinen Traumpartner an deiner Seite hast. Einen Menschen, der dich bedingungslos liebt, der dieselben Werte vertritt, mit dem du deine Hobbys teilst, mit dem du richtig geilen Sex hast, der perfekte Vater oder die perfekte Mutter eurer Kinder. (Hallo Judith, ich liebe dich!) Stell' dir vor, wenn du in deinem Traumzuhause lebst. Und damit meine ich nicht jenes, das dir die Werbung verkaufen möchte, sondern dein ganz persönliches Daheim, in dem du dich wohlfühlst. Vielleicht ist das ein kleines Häuschen am Land, vielleicht eine nette Wohnung mitten in der Stadt, vielleicht auch ein Wohnmobil. Wo genau ist das? Wie schaut es

aus? Und was brauchst du wirklich? Stell' dir vor, wenn du deinen Traumjob hast, du nicht mehr nur aufs nächste Wochenende und den nächsten Urlaub hinfieberst, sondern jeden Tag das tun darfst, was dich interessiert und begeistert, du jeden Tag an deinen – oder mit anderen an gemeinsamen – Zielen und Träumen arbeiten kannst. Stell' dir vor, wenn du jeden Tag mit den Menschen beisammen bist, mit denen du gerne Zeit verbringst, die dir gut tun, mit denen du Spaß hast, wo du keine Rolle spielen musst, sondern ganz du selber sein darfst.

Was sind deine ganz persönlichen Ziele und Träume?
Und nicht die deiner Eltern, deiner Firma oder der Gesellschaft? Wenn sie übereinstimmen, ist das wunderbar! Doch in einer Welt, in der jeder Mensch als Individuum geboren wird und seine ganz eigenen Talente mitbringt, bezweifle ich, dass diese immer in den vorgegebenen Rahmen passen.

Zukunftsforscher prognostizieren aufgrund der zunehmenden Digitalisierung, dass es schon 2030 bis zu 50 Prozent der heutigen Jobs nicht mehr geben wird.

Roboter stehlen deinen Job,
aber das ist okay.

Federico Pistono

Du wirst dich in Zukunft nicht mehr über deinen Job oder Status definieren müssen, sondern dich in erster Linie deinen persönlichen Zielen und Träumen widmen dürfen. Vielleicht ist das bedingungslose Grundeinkommen gar nicht mehr so weit weg, wie du denkst. Aber darauf musst du dich vorbereiten! Denn es gibt nichts Schlimmeres, als sich nutzlos zu fühlen. Und selbst wenn es noch länger auf sich warten lässt oder vielleicht doch nie eingeführt werden wird, dient alleine die Idee schon mal wunderbar dazu, um all deine Grenzen über Bord zu werfen und mit dem Träumen zu beginnen.
Was würdest du tun, wenn jeden Monat automatisch genau so viel Geld auf dein Konto eingehen würde, wie du zum Leben brauchst, ohne dafür arbeiten zu müssen? Woran würdest du gerne arbeiten? Was würdest du tun? Wie würdest du deinen Tag gestalten? Wann würdest du aufstehen? Womit deine Zeit verbringen? Und mit wem? Wo würdest du wohnen? Welchen Teil zu einer besseren Welt würdest du beisteuern?

Träumen ist lebensnotwendig

1960 wies der amerikanische Schlafforscher William C. Dement nach, wie wichtig es ist, zu träumen. Er führte das Experiment „The effect of dream deprivation" durch und ließ acht Personen daran teilnehmen: Immer wenn die Teilnehmer kurz davor waren, von der Tiefschlafphase in die REM („Rapid Eye Movement")-Phase und damit in die intensive Traumphase überzugehen, wurde ihr Schlaf unterbrochen. Das ging über mehrere Tage so. Die Probanden entwickelten psychische Störungen. Zunächst äußerten sich diese in Antriebslosigkeit und Konzentrationsstörungen, später auch in zunehmender Aggression und depressiven Phasen. Aufgrund der heftigen Reaktionen musste das Experiment sogar abgebrochen werden.

Träume stabilisieren unser Immunsystem und wirken sich (normalerweise) positiv auf den menschlichen Körper und die Psyche aus. Im Schlaf verarbeiten wir auch Sinnesreize und gelernte Inhalte, die wir den Tag über aufgenommen haben. Die österreichische Schlaf- und Traumpsychologin Brigitte Holzinger beschreibt es so: „Die Traumwelt ist eine Art Paralleluniversum, in dem sich Realitäten widerspiegeln, abbilden und kommunizieren. Träume dienen der Selbstheilung und der Erweiterung der Identität und Kreativität."
Du brauchst also diese Welt der unbegrenzten Möglichkeiten, den Ausflug in eine Welt, in der alles möglich ist. Du kannst zum Superhelden in deinem eigenen Film avancieren. Du kannst fliegen. Du kannst mühelos Zeit und Raum überwinden. Ist es nicht schön, sich in der Früh noch an solch' coole Träume zu erinnern und deinem Partner beim Frühstück davon zu erzählen? Nimm etwas von dieser Magie auch in deinen Tag mit. Du bist der Schöpfer deines Lebens. Du kannst dein Leben aktiv gestalten. Alles was du zu träumen und denken wagst, kann passieren. Du bist Frau oder Herr deiner Gedanken. Du alleine darfst bestimmen, welchen Gedanken du Platz gibst.

Der indische Guru Osho erklärt es in seinem Buch „Intuition" so: „Deine Nachtträume können dir zeigen, wer du bist. Denn in deinen Träumen legst du deine Persönlichkeit ab, so wie du deine Kleider ablegst. Dann bist du völlig bei dir. Du musst niemandem etwas beweisen. Am Tag kannst du zweifeln, in der Nacht nicht. Da schaltest du deinen Verstand aus. Und alles ist möglich."

Ute Karin Höllrigl

Psychologin & Traumforscherin

Den ganzen Talk findest du auf www.träum-weiter.at/talks

Die Psychologin und Traumforscherin Ute Karin Höllrigl beschäftigt sich seit über 30 Jahren intensiv mit Träumen. In unserem TräumWeiterTALK erklärt sie uns den Unterschied zwischen abstrakten Wünschen und Sehnsüchten einerseits und konkreten Träumen und Aufgaben andererseits.

Es gibt Wünsche und Sehnsüchte, die kannst du dir komplett in deiner Phantasie erfüllen. Zum Beispiel eines Tages die Welt zu bereisen. Alleine wenn du dir diesen Traum denken traust, ist er schon Wirklichkeit. Selbst wenn du ihn dir nie erfüllst, kannst du dich daran erfreuen. Das nimmt dir den Druck, dir jeden Traum, und das am besten gleich, erfüllen zu müssen.
Um dir einen Traum aber realisieren zu können, bedarf es einer anderen Ebene. Ute Karin hatte schon mit 15 den Traum, Schriftstellerin zu werden. Doch mehr als ein Wunsch war es zu diesem Zeitpunkt nicht. Ganz im Gegenteil arbeitete die Gerechtigkeitsfanatikerin vorerst 15 Jahre lange als Juristin. Erst dann brachte sie ein prägender Nachttraum dazu, ein Studium der Psychologie zu starten, in die analytische Tiefenpsychologie einzutauchen und in Folge ihr Wissen und ihre Erfahrungen aus ihren unzähligen Traumseminaren in Bücher zu verfassen. Aus einem abstrakten Wunsch wurde ein konkreter Traum. Aus dem Traum eine Lebensaufgabe. Ute Karin erwähnt ihre Entwicklung auch als Beispiel, in deinen Traum, in deine Lebensaufgabe hineinreifen zu dürfen. In unserer schnelllebigen Zeit tendieren wir immer mehr dazu, alles immer gleich tun und haben zu wollen. Gelingt das nicht, schmeißen wir schnell hin. So funktioniert die Natur aber nicht. Gewisse Dinge im Leben brauchen Zeit. Und einen langen Atem.

Das Träumen ist eine der größten Herausforderungen. Es kann dich im ersten Moment auch komplett überfordern und erschlagen. Was, wenn du feststellst, dass deine Träume ganz weit weg sind, dass das Leben, das du führst, nicht mal im Ansatz mit dem übereinstimmt, das du gerne hättest?
Alles mit der Ruhe. Dir deinen Traum bewusst zu machen, ist der erste große Schritt. Aber der Weg dorthin ist natürlich ein Prozess. Veränderung funktioniert auch step by step. Du kannst dich auch langsam und ganz bewusst von etwas verabschieden, um für Neues offen und bereit zu sein. Du musst die Tür nicht zuknallen, du kannst sie auch langsam, leise und behutsam schließen.

In den unzähligen Gesprächen, in denen ich Menschen nach ihren Träumen befragt habe, habe ich oft bemerkt, dass sie diese Frage überfordert, weil sie mit Träumen immer etwas ganz Großes, scheinbar Unerreichbares assoziieren und sich deshalb gar nicht trauen, ihre scheinbar kleinen Träume auszusprechen. Ja, es ist ein Traum, wenn du einfach „nur" eine Familie gründen und ein Haus bauen möchtest. Und was für einer! Wahrscheinlich der schönste und größte überhaupt. Wie schön muss es sein, deine Kinder beim Großwerden beobachten und begleiten zu dürfen. Oder vielleicht willst du einfach „nur" ein guter Mensch sein und möglichst viel Zeit mit deinen Liebsten verbringen? Du musst nicht die Welt verändern. Du musst kein Start-up gründen. Du musst nicht auf den Malediven getaucht oder den Mount Everest bestiegen haben. Du musst nicht mit dem Fallschirm aus 4000 Metern springen oder den Marathon unter vier Stunden laufen. Oft sind es die scheinbar kleinen Dinge im Leben, die traumhaft sind: ein netter Ausflug mit deiner Familie, ein lustiger Spieleabend mit deinen Freunden, ein gutes Essen, eine coole

Wanderung oder ein schöner Sonnenuntergang. Es ist nicht wichtig, wie angesehen dein Traum in der Gesellschaft ist, sondern einzig und allein, wie viel er dir persönlich bedeutet. Den Wert bestimmst nur du. Nichts muss (d)ein Traum sein, aber alles darf. Jeder Traum zählt.

Wenn du über deine Träume nachdenkst, ist auch ganz wichtig, zwischen Einzelerlebnissen und dem großen Ganzen zu unterscheiden. Was sind einerseits deine ganz konkreten Träume auf deiner „Bucket-List"? Was willst du unbedingt einmal erleben? Was sind die Dinge, die dir einzelne Glücksmomente bescheren? Und was ist es andererseits, das dir ein beständiges Gefühl von Glück und Zufriedenheit beschert? Denn eines ist auch klar: Von einem Traum zum nächsten zu jagen, bedeutet noch lange nicht, dass dich das glücklich macht. Glück kann man nicht erzeugen. Es ist ein Seinszustand. Glück kommt nicht von außen, sondern von innen.

Übrigens muss dein Traum nicht immer etwas mit dir zu tun haben. Gibt es nicht genug Dinge auf dieser Welt, die Träume für dich sein dürfen? Frieden in Kriegsgebieten, Stopp von Armut und Hunger, Gleichbehandlung von Frau und Mann, Gleichberechtigung von Homosexuellen, Integration von Fremden, Zugang zu Bildung für alle, um nur einige davon zu nennen.
Solltest du feststellen, gerade gar keinen Traum zu haben, dann passt das genau so. Alles zu seiner Zeit. Gewisse Träume entwickeln sich über einen längeren Zeitraum. Und falls du gerade deinen Traum lebst oder einfach wunschlos glücklich bist, dann umso besser!

1. 2.

Wer bist du?

Sascha Soulek

Mentaltrainer

Den ganzen Talk findest du auf www.träum-weiter.at/talks

Es war einmal der Projektkaufmann Sascha Soulek.
Zehn Jahre lang fühlte er sich gefangen wie in einer „Carrera Rennbahn". Seine Rennbahn war ein Konzern. Er das Auto. Am Steuer der Chef. Das Ziel der Profit. Im Kreis drehend. Jeden Tag aufs Neue. Und obwohl ihm schon in den ersten Tagen im Büro immer wieder schlecht wurde, ließ er diesen Albtraum ein ganzes Jahrzehnt über sich ergehen. Vor allem wegen übernommener Denk- und Verhaltensmuster wie

- „Arbeit ist hart. Du musst fleißig sein."
- „Du musst durchhalten. Auch wenn es dir nicht gefällt."
- „Der Job ist doch super. Er ist angesehen und du verdienst gutes Geld."

Bis er sich im Zuge eines Abteilungswechsels seines Wahnsinns bewusst wurde, endgültig die Schnauze voll hatte und mit Vollgas in den Looping krachte, um auszubrechen und endlich frei zu sein: Er kündigte.

Das Problem: Nach zehn Jahren der Fremdbestimmung wusste er schon gar nicht mehr, was er eigentlich wollte, sondern musste sich erst wieder Schritt für Schritt herantasten. Weil er immer schon mit und für Menschen arbeiten wollte und gerne Fußballprofi geworden wäre, ihm dafür aber die nötige mentale Stärke fehlte, entschloss er sich, diese beiden Themen zu verbinden und eine Ausbildung zum Mentaltrainer zu absolvieren. So sah er eine Möglichkeit, sich selber besser kennenzulernen und dieses Wissen auch mit anderen zu teilen. Ein Jahr später meldete er das Gewerbe als Trainer an und wagte den Schritt in die Selbstständigkeit. Bevor er allerdings so richtig loslegte, schob er auf seiner neuen Rennbahn noch einen zweimonatigen Boxenstopp, eine kleine Weltreise, ein, um mit viel Freiraum und Inspiration in seinen neuen Lebensabschnitt starten zu können. Seither begleitet Sascha Menschen am Weg zu ihren „Life Goals".

Es fühlt sich unheimlich geil an, der Mensch zu sein, der du wirklich bist.

Sascha Soulek

Wege zu dir selber

Kennst du den Menschen, der du wirklich bist?
Und damit meine ich nicht deinen Namen, dein Alter, deine Hautfarbe, deine Herkunft oder Religion. Das hast du dir ja alles nicht aussuchen können. Und ich meine auch nicht unbedingt deinen Beruf oder Status. Du definierst dich gerne über das, was du tust. Aber das bist du ja nicht. Viel wichtiger ist, warum du das machst. Und wie du es machst.
Was ist dein Traum? Deine Vision? Deine Leidenschaft? Deine Angst? Was bedeutet Freundschaft für dich? Was bringt deine Augen zum Leuchten? Was macht dich wütend? Was traurig? Was glücklich? Worüber kannst du stundenlang reden? Womit kannst du andere begeistern? Wobei bekommst du Gänsehaut? Was ist dein Sinn des Lebens? Woran glaubst du?

Die Antworten auf diese und ähnliche Fragen geben dir eine Idee, mit wem du es wirklich zu tun hast. Manche lassen sich schneller beantworten, manche langsamer, manche vielleicht nie. Aber alleine, indem du dich bewusst damit auseinandersetzt, löst du einen Prozess in dir aus, der dein Leben verändern wird.

Aus meiner Erfahrung helfen dir vor allem zwei Dinge, diesen Fragen nachzugehen:

Freiraum

40/50-Stunden-Arbeitswoche und die nächsten sieben Wochenenden verplant? Egal wie stressig dein Leben auch ist, Zeit für dich geht immer! Du beschäftigst dich in deinem Leben mit so vielen Dingen: mit deinem Studium, deiner Arbeit, deinem Partner, deinen Freunden, deinem Lieblingshobby und, und, und, vergisst dabei aber auf das Allerwichtigste: Du bist das Wichtigste in deinem Leben! Du bist die oder der, die oder den du am besten kennen solltest, der oder dem du am meisten Zeit widmen solltest. Dein Studium oder deine Arbeit kannst du hinschmeißen, deinen Partner verlassen, deinen Freundeskreis oder dein Hobby austauschen. Dich selber aber nicht. Du bist die einzig verlässliche Konstante in deinem Leben. Du verbringst 24/7 mit dir selber. Umso wichtiger ist es, dich selbst zu kennen.

Und dafür brauchst du Freiraum. Zeit, in der du wirklich ganz bei dir bist. Die effektivste Form ist sicherlich die Meditation. Oder Entspannungstechniken

wie Yoga, autogenes Training, Zen, Qi Gong oder was auch immer. Die Zeit, in der du alle äußeren Einflüsse ausschaltest, dich nur auf dich und deinen Atem konzentrierst, deine Gedanken beobachtest und sie im Optimalfall vorbeiziehen lässt. Was beschäftigt dich? Welche Gedanken tauchen immer wieder auf? Was lässt dich nicht los?
Falls du mit dem Meditieren erst startest, gib ihm eine Chance. In den ersten Tagen und Wochen fühlt es sich vielleicht komisch an. Aber je länger du es praktizierst, desto mehr wirst du den Effekt spüren. Mach' es zu einer regelmäßigen Routine. Drei Tage hintereinander zu meditieren und dann wieder zwei Wochen nicht, bringt wenig. Am besten täglich. Und je länger, desto besser. Aber besser fünf Minuten als gar nicht.
Es muss aber nicht immer die klassische Meditation sein. Es gibt so viele wunderbare Möglichkeiten, „Quality Time" mit dir alleine zu haben: ein Spaziergang, eine Wanderung, ein (Motor-)Radausflug. Ein gutes Buch lesen, Tagebuch schreiben, ganz bewusst Musik hören, mal alleine ins Kino gehen, ein Mittagsschlaferl einlegen.

Denn das wesentliche Ziel der Meditation ist, achtsam und bewusst durchs Leben zu gehen. Mit voller Hingabe und vollem Fokus das zu tun, was du eben gerade tust. Wenn du isst, isst du. Wenn du zuhörst, hörst du zu. Wenn du Auto fährst, fährst du Auto. Klingt logisch, fällt uns aber oft sehr schwer. Stimmt's? Weil irgendwelche Gedanken auftauchen, die dir einen Strich durch die Rechnung machen. Irgendwelche Ängste aus der Vergangenheit oder der Zukunft, die dich davon abhalten, in der Gegenwart zu sein. Dabei wissen wir doch alle, dass es nur den aktuellen Moment wirklich gibt. Die Vergangenheit

können wir gar nicht mehr ändern und die Zukunft nur im Hier und Jetzt. Doch vor allem in unserer heutigen Zeit sind die Versuchungen und Reize omnipräsent. Dank Internet und Smartphone haben wir jederzeit Zugriff auf nahezu alles. Ganz ehrlich: Was machst du, wenn du mit einem Freund auf einen Kaffee gehst und er für zwei Minuten aufs Klo geht? Anstatt mal den Moment zu genießen, die Umgebung wahrzunehmen oder einfach nur nichts zu tun, schnappst du dir das Handy und schaust, ob du eine Nachricht erhalten hast oder was sich auf den Social-Media-Kanälen getan hat, um ja nichts zu versäumen. Reisen ist eine wunderbare Möglichkeit, Freiraum zu schaffen. Weg von deinem gewohnten Umfeld, keine Termine, Handy ausschalten und einfach mal nicht erreichbar sein. Vielleicht wagst du es sogar einmal, alleine aufzubrechen. So verlässt du deine Komfortzone, bist auf dich alleine gestellt und kannst dich sehr gut selber beobachten: Übernimmst du gerne Verantwortung? Wie fühlt es sich an, fremd zu sein? Gehst du gerne auf Menschen zu? Wird dir alleine schnell langweilig?
Wenn du beginnst, dich selber besser kennenzulernen, Freude mit dir selber zu haben, dann macht dich das frei. Unabhängig von deinem Ego. Unabhängig von deiner Position in der Gesellschaft. Unabhängig von (unglücklichen) Beziehungen. Du musst das Glück nicht im Außen suchen. Es liegt in dir.

Beziehungen

Aber keine Angst. Du musst jetzt nicht komplett vereinsamen. Sollst du auch nicht. Soziale Kontakte sind wichtig, um dich als Teil eines größeren Ganzen zu verstehen. Und um Spaß zu haben! Sie helfen dir auch dabei, deinem wahren Ich näher zu kommen. Die Menschen in deinem Leben fungieren als dein Spiegel. Vor allem jene in deinem engsten Umfeld sind deine größten Lehrmeister. Wenn du aufmerksam hinschaust und -hörst, wirst du erkennen, dass du dich in ihnen wiederfindest. Vor allem wenn dich etwas besonders berührt oder aufregt, egal ob positiv oder negativ, hat es ziemlich sicher etwas mit dir selbst zu tun.

Um dich in Beziehungen analysieren zu können, hilft es auch zu verstehen, dass du viele verschiedene Rollen in deinem Leben innehast. Du bist nicht nur die oder der, die oder der auf deiner Visitenkarte steht (vielleicht auch gar nicht). Du bist auch Kind und/oder Elternteil, Bruder oder Schwester, Freund oder Feind, Unterhalter oder Zuhörer, Mentor und/oder Schüler, Arbeitgeber oder Arbeitnehmer, Hersteller und/oder Konsument und viele mehr. Dementsprechend vielzählig und vielseitig sind die Chancen, dich aus den unterschiedlichsten Blickwinkeln zu beobachten und kennenzulernen.

Und natürlich eignen sich auch extreme oder außergewöhnliche Situationen bestens, um dich selbst kennenzulernen. Jene, in denen du an deine Grenzen gehst, egal physisch oder psychisch. Wenn du einen Marathon läufst oder die „Streif" in Kitzbühel hinunterkrachst. Wenn du aufhörst zu rauchen, nüchtern Party machst, übers Wochenende dein Handy ausschaltest, eine Woche lang auf Essen verzichtest, einen Monat lang auf Facebook, ein Jahr lang auf Shopping. Wenn du die Welt bereist. Wenn du den Mut aufbringst, ja zu sagen. Oder nein. Wenn du deinen Job verloren oder die Meisterschaft gewonnen hast. Wenn du dich frisch verliebt oder getrennt hast. Wenn dich jemand vor versammelter

Truppe bloßstellt oder dich jemand in den Himmel lobt. Wenn du deine Firma an die Wand fährst oder einen richtig fetten Auftrag an Land ziehst. Wie reagierst du auf Situationen wie diese? Was lernst du daraus? Was bleibt?

Auf dem Weg zu dir selbst, auf der Suche nach den Antworten auf all diese Fragen, gibt es eine ganz besondere Instanz, die du immer im Auge behalten solltest: Dein Ego. Das Ego ist nicht angeboren, sondern entwickelt sich mit dem Ich-Bewusstsein. Es identifiziert sich mit deiner Person, erkämpft sich seine Position. Es erhebt Ansprüche, Rechte und Privilegien und grenzt sich von anderen ab. Das „Selbst“ hingegen ist das angeborene Wesen hinter dem Bewusstsein. Mit all seinen Gefühlen, Impulsen und Gedanken. Es ist friedfertig und versteht sich als Teil eines größeren Ganzen. Das Ego hat, aber es ist nicht. Das Selbst ist, aber es hat nicht.

Um also herauszufinden, wer du wirklich bist, hilft es, auch auf dein Gefühl zu hören, deiner Intuition zu folgen. Du musst nicht immer alles logisch erklären. Und schon gar nicht bewerten. Wer also willst du sein und wer bist du wirklich? Welches Bild zeichnest du von dir selber? In welcher Wirklichkeit lebst du? Je mehr Antworten du findest oder glaubst, gefunden zu haben, desto mehr weitere Fragen werden auftauchen, weil du das „Dich-selber-kennenlernen“ nicht wie ein To-Do von einer Liste abhaken kannst, sondern es sich dabei um einen lebenslangen Prozess handelt. Sorry für die abgelutschte Redewendung, aber: Der Weg ist das Ziel. Dafür schmeiß’ ich gerne drei Euro ins Phrasenschwein.

1. 2. 3.

Folgst du deiner Begeisterung?

Herbert Prohaska

Jahrhundertfußballer

Den ganzen Talk findest du auf www.träum-weiter.at/talks

Es war einmal der kleine Herbert.
Aufgrund seiner üppigen Lockenpracht erhielt er früh den Spitznamen „Schneckerl". Er wuchs in Simmering, dem 11. Wiener Gemeindebezirk, auf. In sehr einfachen Verhältnissen. Seine Mutter war Bedienerin, sein Vater Hilfsarbeiter. Am liebsten vertrieb sich Schneckerl seine Freizeit mit der Musik oder dem Fußball. Weil er mit neun Jahren noch nicht Meisterschaft spielen durfte (früher durfte man das erst ab zehn), aber es kaum erwarten konnte, versuchte er es mit einem gefälschten Spielerpass unter dem Namen Mikolasch. Das Problem: Er war zu gut. Und flog bald auf.

Wenige Jahre später wurde aus diesem „Problem" eine Lösung. Als Jugendlicher versuchte er sich zwar auch noch als Rockstar, doch in einem Auftritt mit seiner Band „Electric Army" stellte sich früh heraus, dass er sich doch lieber auf den Fußball konzentrieren sollte. Und so entwickelte er den Traum, Fußballprofi zu werden.
Nebenbei absolvierte er noch eine Lehre als Mechaniker, um seine Eltern zu beruhigen, doch spätestens mit 17 Jahren, als er mit seinem Verein Ostbahn XI ein Testspiel gegen das Nationalteam bestritt und alle „schwindlig spielte" war alles klar: Herberts Bestimmung war nicht, Autos zu reparieren, sondern auf dem Fußballplatz Regie zu führen und die Herzen der Fans höher schlagen zu lassen.

Noch im selben Jahr wechselte er zur Austria Wien, zwei Jahre später wurde er das erste Mal ins Nationalteam einberufen, damit er nun die anderen schwindlig spielen konnte. Was folgte, war eine Bilderbuchkarriere: In seinen zwei Ären bei seinem Herzensklub absolvierte er 453 Bundesligaspiele und schoss dabei 97 Tore. 1978 zog er mit der Austria als erster österreichischer Verein sogar ins Finale des Europacups ein. Seine großartigen Leistungen auf der internationalen Bühne weckten das große Interesse ausländischer Vereine. 1980 wechselte der italophile Herbert – nach der 20 Jahre andauernden Legionärssperre – als einer der ersten Ausländer in die italienische Seria A zu Inter Mailand, ein Jahr später zu AS Roma. Am Ende seiner Spielerkarriere stehen vier österreichische Meistertitel und drei Cupsiege, plus ein italienischer Meistertitel und ein Cupsieg. Völlig zu Recht wurde er 2005 zu „Österreichs Jahrhundertfußballer" gewählt.

Das Ende seiner Fußballerkarriere bedeutete noch lange nicht das Ende seiner Fußballkarriere. Ganz im Gegenteil setzte er gleich im Anschluss seine Tätigkeit als Trainer fort. Erst coachte er die Austria, dann Österreichs U21 Nationalteam, dann das A-Nationalteam und zum Abschluss noch einmal ein Jahr lang die Austria. Auch als Trainer war er äußerst erfolgreich: Als bisher letzter österreichischer Teamchef konnte er sich sogar für eine Weltmeisterschaft (1998 in Frankreich) qualifizieren.

Und als Schneckerl dann auch kein Trainer mehr sein wollte, er aber immer noch nicht genug vom Fußball hatte, engagierte ihn der ORF als Fußballexperten. Wegen dem Geld macht er das mit seinen mittlerweile 61 Jahren sicher nicht mehr. Finanziell hat Herbert längst ausgesorgt. Es ist die Begeisterung für das Spiel, die er nach wie vor in sich trägt. Für ihn gibt es nichts Schöneres, als sich mit Fußball zu beschäftigen. Und seine Analysen machen nicht nur ihm bis heute Spaß, sondern auch den Zuschauern. Er hat immer einen Schmäh auf Lager.

Der zweifache Familienvater ist nicht nur ein wunderbares Beispiel dafür, was du alles erreichen kannst, wenn du deiner Begeisterung folgst, sondern zudem pure Inspiration in Sachen Bescheidenheit und Bodenständigkeit. Herbert hat nie vergessen, wo er hergekommen ist. Dementsprechend offen, freundlich und sympathisch begegnet er den Menschen. Allen Menschen.

Der erste Schritt

Du hattest nicht das Glück, deinem Kindheitstraum folgen zu können? Du weißt nicht, was dich begeistert? Dich interessiert einfach nichts?
Stimmt nicht. Du hast es nur vergessen. Weil du vielleicht nicht in einer Umgebung aufwachsen hast dürfen, wo du deine Talente entfalten und deiner Leidenschaft nachgehen hast können. Aber hier die gute Nachricht: Du kannst es (wieder) entdecken. So wie zum Beispiel Sascha das Mentaltraining. Oder Ute die Träume.

Was begeistert dich am meisten? Was bringt deine Augen zum Leuchten? Worüber könntest du stundenlang reden? Was bitten dich deine Freunde, für sie zu tun? Womit hast du in der Schule deine Klassenkameraden beeindruckt? Für welches Thema wärst du ein guter Joker in der Millionenshow? Was interessiert dich so sehr, dass du dich auch gerne in deiner Freizeit lange und intensiv damit beschäftigst?

Kristina Inhof

Moderatorin & Sportjournalistin

Den ganzen Talk findest du auf www.träum-weiter.at/talks

Alles was du tun musst, ist, damit zu beginnen.
Wenn du dir noch nicht sicher bist, kein Stress! Probier' dich aus, mach' den ersten Schritt. Wenn du rausfindest, dass es das nicht ist, geh' wieder einen Schritt zurück und schlag' eine andere Richtung ein. Oder einfach nur einen anderen Weg in der gleichen Richtung. Vielleicht willst du einen anderen Job in der gleichen Firma? Oder den gleichen Job in einer anderen Firma? Manchmal reicht es, an kleinen Schrauben zu drehen, um deinem Traum näher zu kommen.
Der erste Schritt kann auch bedeuten, einmal herauszufinden, was dich nicht (mehr) begeistert. Was in deinem Leben tust du, das dir so gar keinen Spaß macht, das ganz weit weg ist von dem, was dich wirklich erfüllt? Mach' dir diese Dinge einmal bewusst und versuche, sie Schritt für Schritt loszulassen, um Platz für Neues zu schaffen.

Auch Moderatorin und Sportreporterin Kristina Inhof wusste bereits früh in ihrem Leben, was sie einmal machen möchte. Sie hatte zwar noch kein so konkretes Ziel wie ihr ORF-Kollege Herbert, wusste aber sehr wohl die Richtung, in die sie gehen wollte. In ihrer Kindheit kristallisierten sich ihre zwei größten Leidenschaften heraus: Ihre Lieblingsbeschäftigung in ihrer Freizeit war Handball, in der Schule das Präsentieren.

Schon während ihres Sportwissenschaftsstudiums an der Uni Wien absolvierte sie Praktika in diversen Medienunternehmen. Mit 21 Jahren stand sie schließlich das erste Mal vor einer Kamera. Erst als Reporterin für „Vienna Online", daraufhin als Moderatorin für den Wiener Regionalfernsehsender

„W24". Nach dem Abschluss ihres Bachelorstudiums ging es dann so richtig los: Sie erhielt bei W24 ihre eigene, tägliche Fernsehsendung „Guten Abend Wien". Parallel dazu engagierte sie „Puls4" als Co-Moderatorin von Christian Nehiba und Frenkie Schinkels für die UEFA-Champions League. 2015 folgte ein Engagement bei „Sky", wo sie die Sportnews präsentierte.

Kristina entwickelte sich Schritt für Schritt weiter, arbeitete sich die Karriereleiter hoch und landete 2016 schließlich beim ORF, wo sie heute genau jene Bereiche verbinden darf, die sie am meisten begeistern: Den Sport und die Sprache. Auch beim ORF hielt ihr rasanter Aufstieg an. Schon in den ersten beiden Jahren durfte sie sich bereits einige Träume erfüllen, große Formate wie die Herren-Fußball-EM in Frankreich, die Frauen-Fußball-EM in Holland, die „Große Chance der Chöre" oder „Alles Opernball" (co-)moderieren. Und so ganz nebenbei führt sie noch regelmäßig auf großen Bühnen durch diverse Galas und Firmenevents. Mit ihren 29 Jahren blickt sie bereits auf viele Highlights in ihrer erst kurzen Karriere zurück.

Wenn man sich Kristinas Karriere heute ansieht, scheint ihr Weg wie ein einziger Höhenflug auf Wolke Sieben, fernab irgendwelcher Hürden und Rückschläge. Doch wie bei fast allen erfolgreichen Menschen trifft das auch bei ihr nicht zu. In unserem TräumWeiterTALK verriet sie uns, dass sie nicht nur einmal am harten Boden der Medien-Realität landete, sie nach vielen Castings am Weg zu ihrem Traum weinend in den Armen ihrer Mutter endete: „Das reicht nicht" oder „Du bist nicht unser Typ" oder „Deine Haarfarbe gefällt uns nicht", waren oft die Argumente, die sie zu hören bekam. Doch Kristina gab nie auf, sie wollte es unbedingt. So sehr all die Absagen am Beginn immer schmerzten, so sehr nahm sie diese Herausforderungen an: Um weiterzumachen, es beim nächsten Mal besser zu machen, sich ihre Träume zu verwirklichen.

Und genau das ist der springende Punkt: Wenn du deiner Begeisterung folgst, dann lässt du dich – zumindest langfristig – nicht von Absagen, Rückschlägen oder Meinungen anderer unterkriegen. Wenn du spürst, dass dein Tun für dich Sinn macht, dann wirst du dranbleiben.

Gib jedem Tag die Chance,
der schönste deines Lebens zu werden.

Mark Twain

1. 2. 3. **4.**

Hast du schon genug ausprobiert?

Ali Mahlodji

EU-Jugendbotschafter & whatchado-Gründer

Den ganzen Talk findest du auf www.träum-weiter.at/talks

Es war einmal der kleine Ali Mahlodji.
Ali musste mit zwei Jahren mit seiner Familie aus seiner Heimat Iran vor Krieg und Armut fliehen. Dank Amnesty International schafften sie es nach Österreich. Sein neues Zuhause war erst das Flüchtlingsheim Traiskirchen, später eine kleine Wohnung in Wien Simmering. Scheint ein gutes Pflaster für erfogreiche Träumer zu sein.

Als Jugendlicher war Ali völlig orientierungslos, hatte keine Idee, was er mit seinem Leben anstellen sollte. Aufgrund seiner Herkunft wurde er oft mit Vorurteilen konfrontiert. Nach der Scheidung seiner Eltern fing er dann plötzlich auch noch zu stottern an. Mit 17 Jahren, nur sechs Monate vor der Matura, schmiss er vor lauter Prüfungsangst die Schule hin.
Was im ersten Moment wie eine Tragödie schien, stellte sich in weiterer Folge als entscheidender Wendepunkt in seinem Leben heraus. Durch seine Entscheidung, die Schule abzubrechen, nahm er sein Leben selbst in die Hand. Sie war sein erster Schritt in die Selbstständigkeit. Weil er aber immer noch nicht wusste, was er machen wollte, probierte er viel aus. Sehr viel. In Summe über 40 Jobs in 15 Jahren! Apothekenhelfer, Bauarbeiter, Fastfood-Koch, Kassierer, Lehrer, Projektmanager, Taxifahrer, Verkäufer, Systemadministrator und Management Consultant, um nur einige davon zu nennen.

In unserem TräumWeiterTALK erzählte er uns, dass er keinen davon bereue, weil er von jedem einzelnen was mitnehmen konnte. Als Putzmann habe er zum Beispiel gelernt, dass in einem Unternehmen jeder Job gleich viel wert

sein sollte. Er war so etwas wie der erste „Verkäufer“ des Unternehmens. Waren die Klos nicht sauber, machte das einen schlechten Eindruck auf Kunden und Partner. Sein Chef bedankte sich jeden einzelnen Tag bei ihm für seine gute Arbeit. Das motivierte ihn. Und inspirierte ihn. Nämlich auch selbst jeden Menschen gleich zu behandeln, unabhängig von seiner Herkunft, seinem Alter oder seinem Status.
Schritt für Schritt arbeitete er sich vom Putzmann hoch zum Manager im Anzug. Geiler Audi, fettes Gehalt, hohes Ansehen. Bis ihm irgendwann ein Burn-out den Boden unter den Füßen wegriss und ihm signalisierte: „Das bist nicht du!“ Er arbeitete nicht nur viel zu viel, sondern auch das falsche. Und so wurde ihm mit 30 Jahren bewusst, dass er seinem Leben einen tieferen Sinn geben wollte.

Du musst nicht immer den Sinn suchen. Du kannst etwas auch Sinn geben.

In dieser Phase wurde Ali immer bewusster, dass viele Jugendliche nach wie vor das gleiche Problem haben wie er es damals hatte: Sie haben keine Ahnung, was sie mit ihrem Leben anstellen sollen. Und so begann er eine Plattform zu bauen, die er sich als Jugendlicher selbst gewünscht hätte. Ein Handbuch der Lebensgeschichten, das junge Menschen dabei unterstützt, herauszufinden, was sie wirklich tun möchten.

Auf der Plattform whatchado erzählen mittlerweile tausende Menschen aus über hundert Nationen – vom Nachbarn nebenan über den Präsidenten bis hin zum Friedensnobelpreisträger – in kurzen Videoclips, wer sie sind, was sie tun und wie sie zu dem wurden, die sie heute sind. Was als Alis Herzensprojekt in seinem Wohnzimmer mit einer einfachen Videokamera begann, hat sich bis heute zu einem der erfolgreichsten österreichischen Start-ups mit über 40 Mitarbeitern entwickelt.

Start-ups

Start-ups sind junge Unternehmen mit innovativen Geschäftsideen und dem Ziel des schnellen Wachstums. Der Hype um sie ist in den letzten Jahren in Österreich groß geworden. Die Anzahl der Neugründungen hat sich in den letzten 20 Jahren mehr als verdoppelt. In den letzten Jahren haben laut WKO jährlich zwischen 500 und 1000 neue Start-ups das Licht der Unternehmenswelt erblickt.

Es ist wunderbar, dass jungen Menschen Mut gemacht wird, ihr eigenes Ding zu machen, ihre eigene Firma zu gründen. Vor allem in dieser Zeit, in der sich alles so schnell dreht und wir neue Ideen für eine bessere Zukunft gut gebrauchen können. Die dabei vorgelebte Philosophie des Trial and Error, in der Entwicklung auch Fehler machen zu dürfen bzw. zu müssen, gefällt mir gut. Sie fördert Innovation und Kreativität.
Auch der Staat Österreich hat diese Chance erkannt und im Jahr 2016 ein Förderpaket geschnürt, das Start-ups in den kommenden drei Jahren 185

Millionen Euro zur Verfügung stellt. Zudem lauern Investoren und sogenannte „Business Angels" darauf, in neue Ideen und gute Teams zu investieren.

Seit meiner Übersiedlung nach Wien habe ich immer wieder in die Start-up-Szene hineinschnuppern dürfen und erlebt, dass der Hype nicht nur viele Möglichkeiten, sondern auch große Gefahren mit sich bringt. Es wird teilweise mit falschen Träumen gespielt. Mit dem Traum des „Exits", mit dem Mythos des „Overnight Success": Finde eine Marktlücke, gründe dein Start-up, hol' dir einen Investor und verkaufe dein Unternehmen so rasch und so teuer wie möglich an einen Konzern. Manche träumen schon von den Millionen, ehe sie überhaupt gegründet haben.

Was für ein Traum kann es sein, etwas zu starten, von dem du dich kurze Zeit später ohnehin wieder trennen möchtest? Der Traum von Ruhm und Reichtum führt erst recht wieder dazu, dass viele junge Start-ups nicht ihr Ding machen, sondern das Ding, das die (scheinbare) Marktlücke schließt und den Business Angel befriedigt. Zudem sind sich die wenigsten bewusst, dass die Realität der meisten Start-ups bedeutet, speziell in den ersten Jahren 70 bis 80 Stunden pro Woche zu arbeiten, um überhaupt eine Chance zu haben, zu überleben, geschweige denn erfolgreich zu sein.

Und genau da trennt sich die Spreu vom Weizen: Das wirst du ohnehin nur durchstehen, wenn das, was du mit deinem Start-up vorhast, dich wirklich begeistert, dem entspricht, was du wirklich tun willst und bewegen möchtest. Wenn du hinter deinem Tun einen Sinn erkennst und damit wirklichen

Mehrwert lieferst, stehen die Chancen gut, auch die vielen Hürden und Herausforderungen am Weg überwinden zu können. Ali und whatchado sind das beste Beispiel dafür.

2015 gab Ali den CEO-Posten an seinen Kindheitsfreund Jubin Honarfar ab und zog sich aus dem operativen Geschäft zurück. Seither kümmert er sich hauptsächlich darum, die Vision von whatchado weiterzuentwickeln und sie nach außen zu tragen, indem er das tut, was er am besten kann: Geschichten erzählen. Nicht nur in unserem TräumWeiterTALK oder seiner Autobiografie „Und was machst du so?", sondern auch in Schulen, Universitäten, Unternehmen und großen Konferenzen. Aus dem stotternden Schulabbrecher wurde im Laufe der Jahre ein storytellender Topspeaker. Als Jugendlicher konnte er vor versammelter Klasse nicht einmal eine ganze Zeile fehlerfrei vorlesen, heute begeistert er jedes Jahr zehntausende Zuschauer mit seinen Vorträgen. Im Schnitt steht er an 180 Tagen im Jahr auf der Bühne.

Ali hat bewiesen, wie du deine vermeintlich größte Schwäche zu deiner größten Stärke umwandeln kannst. Nämlich, indem du deiner Begeisterung folgst und dich mit jenen Menschen umgibst, bei denen du so sein darfst, wie du bist.

Anders als viele unserer Eltern oder Großeltern (deshalb verstehen sie dich vielleicht auch nicht) lebst du mit der wunderbaren Freiheit, dich jederzeit verändern zu dürfen, dich jederzeit neu orientieren und erfinden zu können. Wenn du das möchtest: Das Studium, das dich im letzten Semester noch so gefesselt hat, langweilt dich mittlerweile. Das Projekt, in das du in den letzten

Monaten so viel Herzblut gesteckt hast, geht dem Ende zu. Die Arbeit, in der du in den letzten Jahren so richtig gut geworden bist, macht dir keinen Spaß mehr. Das Start-up, das du in den letzten Jahren aufgebaut hast, ist nicht mehr das, was dich erfüllt. Die Frau, in die du dich vor ein paar Jahren verliebt hast, kann heute schon nicht mehr die richtige sein. Was du letzte Woche auf deine Bucket-List geschrieben hast, darfst du heute schon wieder streichen.

Diese Freiheit inklusive der Überforderung durch die heutige Reiz- und Angebotsüberflutung birgt natürlich auch die Gefahr, nie an etwas dranzubleiben. Aber von einem bin ich überzeugt: Wenn du gefunden hast, was deine größte Leidenschaft ist, deine Aufgabe, vielleicht sogar deinen Sinn des Lebens, dann wirst du dranbleiben! Und dann wird es sich über kurz oder lang auch auszahlen. Wenn du deiner Begeisterung folgst, wirst du viel Zeit investieren, besser werden und automatisch die richtigen Leute, Dinge und Jobs anziehen. Du ziehst an, was du ausstrahlst. Es geht gar nicht anders. Das Resonanzgesetz lässt grüßen.

Hobby zum Beruf

Was aber, wenn du keine Jobangebote erhältst oder du generell kein Geld mit dem verdienen kannst, was dich begeistert?

1. Du musst nicht zwingend mit deiner größten Leidenschaft dein Geld verdienen. Dein Hobby zum Beruf zu machen kann richtig cool sein, weil du viel Zeit mit dem verbringen darfst, was du am liebsten tust, kann dir aber

auch den Spaß verderben, weil du vielleicht sogar zu viel Zeit damit verbringen musst. Oder weil du plötzlich Erwartungen von anderen erfüllen musst. Oder weil du plötzlich unter Druck stehst, Geld damit verdienen zu müssen.

Nehmen wir an, du schreibst gerne. Auch wenn du das für eine Zeitung tust und jeden Tag den Stress bekommst, eine Schlagzeile liefern zu müssen? Vielleicht sogar eine, über die du eigentlich gar nicht schreiben willst?
Nehmen wir an, du liebst es, Musik zu machen. Auch wenn du auf Bühnen stehst und plötzlich dem Druck standhalten musst, Erwartungen von anderen erfüllen zu müssen?
Nehmen wir an, du wärst gerne Lehrer? Auch wenn du ein Gefangener des Schulsystems bist und Kindern etwas beibringen musst, das sie überhaupt nicht interessiert?

Ich erfüllte mir mit 18 Jahren meinen größten Traum, Fußballprofi zu werden. Mit der Unterschrift unter meinen ersten Profivertrag wurde auf einen Schlag alles anders. Plötzlich war ich nicht mehr nur der leidenschaftliche Fußballer, sondern auch eine Marke, ein Konkurrent für meine Mitspieler, eine Person der Öffentlichkeit mit eingeschränkter Privatsphäre und Werbeträger für meinen Verein und unsere Sponsoren. Nach schwachen Leistungen gar ein Versager für unsere „Fans“ und ein gefundenes Fressen für die Journalisten. Und obwohl ich geniale Erfolge (3. bei der U19-EM, 4.bei der U20-WM, Vizemeister und Cupsieger) feiern durfte, hatte ich als Profi nie wieder so viel Freude am Spielen wie zuvor. All diese äußeren Faktoren haben sie in den Hintergrund rücken lassen.

Deswegen überleg' dir ganz genau, was es für dich bedeutet, dein Hobby zum Beruf zu machen. Welche Konsequenzen wird das haben? Fühlt es sich gut an, Geld dafür zu nehmen? Vielleicht soll dein Hobby einfach dein Hobby bleiben. Ich bin mir nicht sicher, ob es immer dein absoluter Traumjob sein muss oder es manchmal einfach reicht, im Großen und Ganzen mit deinem Beruf zufrieden zu sein und zu versuchen, etwas weniger zu arbeiten, um dir mehr Freizeit zu verschaffen, in der du genau das tun kannst, was dich am meisten begeistert. Ohne Geld. Ohne Erwartungen. Ohne Druck. So kann die Arbeit deine Sicherheit sein, dein Anker, dein Mittel zum Zweck.

2. Es gibt keinen Traumjob für dich am Arbeitsmarkt? Dann (er)finde deinen eigenen! Ali begann whatchado, ohne nur im Ansatz eine Idee zu haben, wie er damit Geld verdienen könne. Es ist ihm einfach passiert. Heute machen sie jährlich über zwei Millionen Euro Umsatz. Wenn du mit deiner Passion Geld verdienen möchtest, aber nicht weißt wie, dann denkst du vielleicht zu sehr in deinen Grenzen. Sei kreativ, offen und mutig. Es war noch nie so einfach, dein eigenes Ding zu machen und damit Geld zu verdienen, vor allem aufgrund des Internets. Hol' dir online alle Infos, die du brauchst, lass' dich von anderen Lebensgeschichten inspirieren (z.B. auf TED, whatchado oder TräumWeiter), nutze die Reichweite von sozialen Netzwerken, Foren und Blogs, um dich mit möglichen Partnern zu vernetzen oder um deine Dienstleistung oder dein Produkt zu verkaufen.

Du willst Schriftsteller werden? Dann starte einen Blog, schreibe jeden Tag einen Post, mache ein Ebook daraus und verkaufe es übers Internet.

Du willst Lehrer werden? Dann verkaufe dein Wissen über einen Online-Kurs. Du willst dein eigenes Hotel führen? Dann vermiete dein Gästezimmer über Airbnb.

3. Und wenn du immer noch keine Idee hast, wie du deine Leidenschaft zu deinem Beruf machen könntest, dann ist die Zeit vielleicht noch nicht reif. Vielleicht nächstes Jahr. Aber hör' nicht auf, daran zu glauben und sei offen für alles.

1. 2. 3. 4. 5.

Träumst du noch oder tust du schon?

Peter Buchroithner

Mr. Start-up

Den ganzen Talk findest du auf www.träum-weiter.at/talks

Es war einmal der kleine Geschäftsmann Peter Buchroithner.
Schon in der Volksschule gründete er einen Klub, eröffnete ein Klubhaus und organisierte Events und Ausflüge für seine Klasse. Während seine Eltern glaubten, er spiele bloß ein bisserl am Computer, lernte er sich selbst mit 13 Jahren das Programmieren, baute sich einen eigenen Webshop auf Ebay und begann mit seinem Account, Zeug zu verkaufen, das er selber cool fand: Merchandising-Produkte von „Yu-Gi-Yo!“ (japanische Manga-Serie Ende der 90er), selbst gebrannte CDs mit Musik, Videos und Spielen, modifizierte PlayStations, mit denen man die gebrannten CDs auch abspielen konnte und schließlich aus den USA importierte T-Shirts. Weil sich vor allem die T-Shirts wie die warmen Semmeln verkauften, eröffnete er mit 19 Jahren den physischen Skateshop „Sektion 8“ in Eferding. In dieser Zeit bemerkte er, dass viele Kunden beim Einkaufen von Kleidung unschlüssig waren, sie sich aber oft nicht gerne vom Verkäufer beraten ließen, sondern lieber die Meinung von Freunden einholten.

Und so wie Peter eben tickt, analysiert er nicht nur das Problem, sondern liefert auch eine Lösung. Nachdem Freunde beim Einkaufen nicht immer unmittelbar dabei sein können, fand er einen Weg, sie über die Reichweite des Internets miteinbeziehen zu können. „Swell“ ist eine fotobasierte App, über die Menschen ihre Meinung austauschen und sich gegenseitig Feedback geben können. Weltweit und mit nur einem Klick. Mittlerweile nicht mehr nur beim Einkaufen, sondern bei sämtlichen Entscheidungsfragen zwischen zwei Optionen. 2015 habe ich Peter bei einem Pitch-Contest beim „Red-Bull-Brandwagen“ auf der Wirtschaftsuniversität Wien kennengelernt, als er mit seiner Idee und Vision noch ziemlich alleine da stand. Drei Jahre später sind sie 15 Mitarbeiter und haben sechs Millionen User.

Peter behauptet in unserem TräumWeiterTALK von sich selber, nicht all zu viel zu können, sich aber auf das Wenige zu konzentrieren, das er könne: nämlich Ideen zu entwickeln, sie zu vermitteln und ein Team zu formen. Seine größte Stärke, wie ich finde, ist aber noch eine ganz andere: Er redet nicht nur, sondern er setzt es auch um! Zwischen dem Träumen und dem Tun trennt sich nämlich die Spreu vom Weizen, die Minderheit der Macher von der Masse der Träumer. Und genau deshalb ist der Begriff des Träumers auch so negativ behaftet. Viele Menschen verlieren sich in der Theorie ihrer Träume, haben großartige Ideen, teilweise sogar schon konkrete Pläne. Und doch fangen sie nie damit an, ihre Träume auch konkret zu verfolgen. Warum das so ist, haben wir ja schon besprochen. Du weißt schon: Bequemlichkeit, Glaubenssätze, Angst vorm Scheitern, Angst vorm Loslassen und so weiter. Aber zu wissen, wie traumhaft dein Leben sein könnte, es dann aber nicht mal zu probieren – ist das nicht Masochismus? Falls du darauf stehst, nur zu! Falls aber nicht, gibt's nur einen Ausweg: Tun.

Mach' dich auf den Weg. Geh' den ersten Schritt. Jetzt.
Du hast keine Zeit? Glaub' ich nicht! Wenn du dich frisch verliebst, verbringst du auch plötzlich jede freie Minute mit deiner neuen Liebe. Egal wie viel Arbeit und Freizeitstress du hast, zumindest eine Stunde pro Tag für deinen Traum sollte drin sein! 365 Stunden pro Jahr, um deinem Traum näher zu kommen.

Du suchst deinen Traumjob? Dann schreib' jeden Tag eine Bewerbung und kontaktiere zumindest einen Menschen, der dir weiterhelfen könnte. Du willst Spanisch lernen? Dann starte jetzt mit einer der zahlreichen Sprachlern-Apps und zieh' dir jeden Tag ein Video mit spanischen Untertiteln rein. Oder „backpacke" ein paar Wochen durch Spanien oder Südamerika. Oder such' dir (online) einen Native Speaker, mit dem du dich jede Woche drei Mal auf einen Kaffee-/Wein-/Biertratsch verabredest. Wenn es sein muss auch über Skype. Du willst auf Weltreise gehen? Dann beginn' heute zu sparen. Zumindest jeden Tag ein paar Euro. Und such' dir Work and Travel Jobs raus. Du willst Blogger werden? Dann bau' dir mit „WordPress" ganz einfach deine eigene Website und schreibe jeden Tag einen Post. Du willst die Welt zu einem besseren Ort machen? Dann warte nicht auf die Politik, sondern vernetze dich mit Gleichgesinnten und starte ein Projekt!

Learning by doing

Kaum jemand interessierte sich für die ersten 100 (!) Youtube-Videos von Gary Vee. Mittlerweile inspiriert der amerikanische Redner und Autor mit seinen Videos Millionen von Menschen auf der ganzen Welt. Ali Mahlodji hatte selber über 40 (!) Jobs ausprobiert, ehe er herausfand, was er wirklich wollte: nämlich mit whatchado eine Plattform schaffen, die Menschen diese Suche erspart oder zumindest erleichtert.

Roland Düringer

Kabarettist & Schauspieler

Den ganzen Talk findest du auf www.träum-weiter.at/talks

Auch der Weg zu meiner eigenen Talkshow und in Folge zu diesem Buch war ein langer Prozess. Den Traum der eigenen Talkshow hatte ich schon seit vielen Jahren. Als Fan und inspiriert von Markus Lanz wurde er mir immer bewusster. Nach der Veröffentlichung von meinem zweiten Buch „Freigereist“ startete ich erst einen Blog, und als das Schreiben nicht mehr so viel Spaß machte, einen Vlog. Es fühlte sich aber komisch an, mit einer Kamera zu sprechen. Dementsprechend schwach wurden meine Videos. Und so begann ich, Menschen zu interviewen. Nachdem ich in meinen ersten beiden Büchern hauptsächlich meine eigene Geschichte erzählt hatte, wollte ich nun auch andere sprechen lassen. Vorerst anlehnend an mein zweites Werk „Freigereist“ zu dem Thema Freiheit. Abgesehen davon aber ohne roten Faden, ohne Konzept, ohne Ziel. Ich wusste nicht wirklich, warum ich das mache, für wen ich das mache und ob das außer mich auch irgendjemand anderen interessieren könnte. Aber: Es machte Spaß und ich konnte von jedem Gespräch etwas lernen.

Am Beginn interviewte ich Freunde und Bekannte noch „off records“, um einmal ein Gefühl dafür zu entwickeln. In dieser Phase lernte ich über meine Freunde Hermann und Katzi den Kabarettisten und Schauspieler Roland Düringer kennen. Diese Gelegenheit nützte ich, ihn um ein Interview zu bitten. Offen und spontan wie er ist, sagte er zu. Nur eine Woche später besuchte ich ihn zuhause. Völlig ahnungslos von Bild und Ton, ziemlich ideenlos, wie man ein längeres Interview aufbaut. Und dann gleich einen Kapazunder wie Roland Düringer gegenüber. Na bravo!

Bepackt mit meiner (Einsteiger-)Kamera und gekackt in meine (Aussteiger-) Hose, machte ich mich auf den Weg zu ihm ins niederösterreichische „Middle of Nowhere". Er empfing mich offen und freundlich. Nervös war ich trotzdem. Wir gingen in sein Wohnmobil, wo wir schließlich das Gespräch aufnahmen. Die Kamera stellte ich (ohne Stativ) einfach auf den Tisch, schaltete sie ein und drückte auf „record". Einstellungen konnte ich mir sparen, ich hatte ohnehin keine Ahnung. Mein „iPhone" musste für die Tonaufnahme herhalten; ich legte es einfach daneben.

40 Minuten später hatte ich meinen ersten „TräumWeiterTALK" im Kasten, 30 Minuten mit (schlechtem) Bild, die letzten zehn überhaupt ohne, weil Spiegelreflexkameras nach 30 Minuten die Aufnahme stoppen (müssen, weil sie sonst nicht mehr als Fotokameras durchgingen, sondern in der Kategorie „Videokameras" teurer versteuert werden würden), was ich natürlich nicht wusste. Der Ton war auch ziemlich mies. Aber letztlich alles nicht schlimm! Der Talk ist trotzdem gut geworden, locker und authentisch. Und noch viel wichtiger: Mein Traum der eigenen Talkshow war gestartet. Und das gleich mit Roland Düringer als erstem Gast!

Bis es sich zu einer richtigen und regelmäßigen Talkshow entwickelte, vergingen zwei ganze Jahre. Eineinhalb, weil neben meiner Tätigkeit in der Fußballschule „teco7" nicht genug Zeit blieb, um das Format wirklich voranzutreiben, ein weiteres halbes, um das richtige Team dafür zu formen. Anfangs fand ich es noch ganz lustig, mich auch selber um Bild, Ton und den Schnitt zu kümmern. Mit der Zeit spürte ich aber, wie es mich mehr und mehr von dem abhielt, was ich wirklich wollte und auch am besten konnte: Inspirierenden Menschen begegnen, tiefgründige Dialoge führen, gute Fragen stellen.

Zuhören statt reden

Die TräumWeiterTALKS machen nicht nur richtig Spaß, sondern haben mein Leben auch sehr bereichert. Vor allem weil ich durch diese „Arbeit“ unheimlich viel lernen darf. Viel aus den Leben und Erfahrungen meiner spannenden Gäste, das Moderieren natürlich, Fähigkeiten wie Filmen oder Schneiden, ein Team aufbauen und Teil von einem zu sein. Und vielleicht das Allerwichtigste: Zuhören.

Seit zwölf Jahren bin ich der Gefragte gewesen, erst als Fußballprofi, dann als Vortragender und Fußballexperte im Fernsehen. Ich rede zwar nach wie vor sehr gerne, darf nun aber auch erleben, wie schön und wichtig es ist, aufmerksam zuzuhören. Ich bin generell der Meinung, dass viel zu viel geplappert wird. Meine Mutter hat oft zu mir gesagt: „Große Klappe, nichts dahinter! Menschen, die ständig den Mund offen haben, kaschieren damit oft ihre Unsicherheit.“ Da ist was dran! Ohne natürlich alle leidenschaftlichen Alleinunterhalter jetzt in diesen Topf zu werfen. Aber eines ist klar: Wenn du ständig sprichst, nimmst du dir die Möglichkeit, von anderen zu lernen. Deshalb versuche ich – vor allem in größeren Gruppen – mittlerweile genau das Gegenteil: Einen Schritt zurücktreten, beobachten, zuhören, lernen. Und manchmal ist es sogar noch schöner, wenn gar niemand spricht. Wenn alle schweigen, zuhören, reinspüren. Mit wem du das tun kannst, ohne dass es sich komisch anfühlt, der ist dein Freund.

Am Beginn ist eine neue Idee oder ein neues Projekt schnell einmal spannend. Aber erst, wenn du merkst, dass du auch dranbleibst, wenn es nicht so läuft, erkennst du, dass es das Richtige für dich ist. Wenn Teammitglieder, auf die du dich verlassen hast, auf einmal wieder abspringen und du plötzlich wieder alleine da stehst. Wenn du nicht nur viel Zeit, sondern auch viel Geld in das Projekt investierst, ohne zu wissen, ob es sich je monetarisieren lässt. Wenn dir Probleme schlaflose Nächte bereiten, weil du einfach nicht mehr abschalten kannst.
Erst heute, drei Jahre später, wird mir so richtig bewusst, wie viel ich in „Träum weiter" investiert habe. Und egal, wohin die Reise geht, egal wie viele Klicks die Talks generieren oder wie viel Geld das Buch reinspielt: Es war jede Minute und jeden Euro wert!

Die meisten Menschen wollen nicht Teil deines Weges sein, sondern nur das Ziel mit dir feiern. Aber du kannst nur am Weg herausfinden, mit wem du das Ziel gerne feiern möchtest.

Patrick Bitzinger

Extremsportler

Den ganzen Talk findest du auf www.träum-weiter.at/talks

Tun statt (Aus-)reden

So wie Peter Buchroithner ist auch unser TräumWeiterTalk-Gast Patrick Bitzinger einer jener Sorte, die gerne etwas tun. Reden ist nicht so seine Sache. Aus-reden schon gar nicht. Obwohl er offensichtlich jeden Grund dazu hätte. Patrick kam mit einem Wasserkopf auf die Welt. Man setzte ihm einen „Shunt", eine Drainage zur Entlastung des Drucks auf sein Hirn, ein. Als er sieben Jahre alt war, kam es zu einer Blockade dieser Leitung und die Flüssigkeit drückte so stark auf seinen Sehnerv, dass er 90 Prozent seines Sehsinns verlor. Mit 14 passierte das Gleiche noch einmal. Seither liegt seine Sehkraft bei nur mehr einem Prozent. Er kann nur mehr Umrisse auf zwei bis drei Meter erkennen. De facto ist er blind.

Patrick wuchs im Waldviertel auf dem Bauernhof seiner Eltern auf. Die Natur spielte dementsprechend immer eine große Rolle in seinem Leben. Sport nicht so. Bis er mit 15 Jahren nach Wien übersiedelte, um das Bundes-Blinden-Erziehungsinstitut zu besuchen. In dieser Zeit nahmen ihn Freunde zum Radfahren mit. Das machte ihm Spaß und er merkte, dass er „gar nicht so schlecht" sei. 2012 wurde er als Besucher ins österreichische Camp zu den Paralympics nach London eingeladen, wo ihn die Stimmung im Radstadion so beeindruckte, dass er in diesem Moment den Traum aussprach, auch mal bei einem großen Radevent an den Start gehen zu wollen.
Gesagt, getan. Dieses prägende Erlebnis war für Patrick der Startschuss, um hart und konsequent auf diesen Traum hinzutrainieren. Parallel zur Schule investierte er jede freie Minute, um besser zu werden. Und er sollte schon bald dafür belohnt werden: Nur ein Jahr später holte er sich den ersten von

mehreren Staatsmeistertiteln im Doppel-Tandem, ein Jahr später seinen ersten Europacupsieg und in Folge qualifizierte er sich sogar für zwei Weltmeisterschaften.

Als ich ihn in unserem Gespräch auf seine unglaublichen Leistungen ansprach, war er sehr zurückhaltend, fast schon peinlich berührt. Patrick prahlt nicht mit seinen Erfolgen, weil er sich nicht über sie definiert. Platzierungen sind ihm nicht wichtig. Er vergleicht sich nicht mit anderen, sondern nur mit sich selbst. Er liebt den Sport und durch ihn seine Grenzen ausloten zu können. Jahrelang durch das Radfahren, aber nachdem ihm das zu monoton wurde, mittlerweile auch in Triathlon- und Ironman-Bewerben. Und einen neuen Traum hat er auch schon wieder entwickelt: Er möchte mit den Langlaufski einmal quer durch Finnland, 400 Kilometer von der russischen zur schwedischen Grenze! Quasi zwischen den Grenzen der Länder an seine eigene.

Der sympathische Waldviertler ist eines dieser wunderbaren Beispiele, was alles möglich ist, wenn du das tust, was dich begeistert. Und obendrein beweist er so eindrucksvoll, nicht behindert, sondern nur anders zu sein. So wie jeder seine ganz individuellen Stärken und Schwächen hat. Er wünscht sich, nicht wie so oft in unserer Gesellschaft in ein Eck gestellt und bemitleidet, sondern ganz normal behandelt zu werden. Wie gut er selber mit seiner Blindheit umgeht, beweist folgendes Zitat von ihm am besten. Als damals klar wurde, dass die Ärzte sein Augenlicht nicht retten konnten und seine Eltern ausrasteten, entgegnete er ihnen Folgendes:

Chillt's ab! Man kann auch als Blinder ein schönes Leben haben!

So wie jeder Mensch, dessen Grundbedürfnisse gedeckt sind, ein schönes Leben haben kann, wenn er nicht nur träumt und redet, sondern seinen Gedanken und Worten auch Taten folgen lässt. Weil durch das Tun etwas in Bewegung kommt, sich neue Türen öffnen, theoretische Fragen zu praktischen Antworten werden. Bleibst du auch öfter in der Theorie deiner Träume hängen? Was hindert dich daran, sie tatsächlich zu verfolgen? Was sind deine Ausreden?

1. 2. 3. 4. 5.

6.

Lernst du noch?

Lorenz & Stefan Leitner-Sidl

Markhof – Das Dorf in der Stadt

Den ganzen Talk findest du auf www.träum-weiter.at/talks

Es war einmal der kleine Lorenz.
Ein herzlicher, fröhlicher und bewegungsfreudiger junger Bub, der in die (Regel-)Schule kam. Am Beginn noch sehr euphorisch, veränderten sich sein Wesen und sein Verhalten Schritt für Schritt. Seine Eltern mussten mitansehen, dass es ihm immer schlechter ging, er nicht mehr so fröhlich war, sondern irgendwie ein „Anderer". Außerdem klagte er oft über Kopfschmerzen. Weil das im Laufe der Zeit immer ärger wurde, begannen sie zu hinterfragen, was die da in der Schule denn eigentlich so machen. Und stellten fest, dass das an sich gar nicht so schlimm, aber doch zumindest für Lorenz sehr belastend war. Er litt vor allem an zwei Dingen: Einerseits an dem Aspekt, dass alle Kinder über einen Kamm geschert wurden und einfach kein Platz mehr für seine individuellen Interessen und Talente blieb und andererseits an dem steigenden Leistungsdruck und der einhergehenden Bewertung durch die Noten und seine daraus resultierende Angst, nicht zu genügen oder gar zu versagen.

„Colearning"

Weil seine Eltern ihm diese Qual nicht mehr länger antun wollten und sie davon überzeugt sind, dass Bildung der größte Hebel ist, um unsere Gesellschaft zu verändern und unsere Zukunft positiv mitzugestalten, begannen sie zu träumen, wie denn das optimale Lernumfeld für Lorenz aussähe. Und wie es eben oft ist, wenn man offen ist und in Resonanz geht, stießen sie in ihrem Umfeld auf andere verzweifelte, aber für Veränderung motivierte Eltern mit ähnlichen Sorgen. Und weil Papa Stefan nicht nur ein Träumer, sondern auch ein Macher ist, beschloss er, mit zwei dieser Elternfreunde, Florence und Roland, eine eigene Schule zu gründen, die in Wirklichkeit eine „Nicht-Schule“ ist. Sie eröffneten das Lernzentrum „Colearning Wien“ und starteten das Projekt mit ihren eigenen und 15 weiteren Kindern.

Colearning Wien ist eine offene Lernumgebung mit viel Frei- und Spielraum für das Individuum; besucht und beseelt von Menschen, die sich auf Augenhöhe begegnen. Hier müssen die Lehrer nicht die Schüler unterrichten, sondern dürfen als Lernbegleiter mit, ja sogar von ihnen lernen.
Gestartet und beendet werden die Tage mit einem Sitzkreis, in dem nicht nur über Programm und Inhalte gesprochen wird, sondern wo auch persönliche Anliegen, Konflikte, Sorgen und Wünsche ihren Platz finden. Gelernt wird in altersgemischten Gruppen. Die Älteren helfen den Jüngeren und festigen somit das Gelernte auch gleich durchs Weitergeben. Gearbeitet wird meist mit „Schaubildern", indem die Schüler Themengebiete in Gruppen erarbeiten und ihr so erfahrenes Wissen an die anderen weitergeben. Geprüft und benotet wird während des Schuljahres gar nicht, am Ende mit der jährlichen Externistenprüfung in einer Partnerschule aber schon, um der österreichischen Unterrichtspflicht gerecht zu werden und bis zur Matura aufsteigen zu können.

Wer glaubt, dass in Colearning Wien nur Halligalli läuft, das ABC getanzt wird und Bäume umarmt werden, der irrt. Trotz des Freiraums gibt es eine klare Struktur, bestimmte Vorgaben und ein ganz konkretes Ziel: das Leben. Hier werden die Kinder und Jugendlichen nicht auf das Leben vorbereitet. Sie leben bereits.

Der Weg ist das Ziel.
Der Sinn des Lebens, es zu leben.

Hier wird nicht nur gemeinsam gelernt und gearbeitet, sondern auch gemeinsam eingekauft und gekocht, zusammengeräumt und geputzt, gespielt und musiziert, gelacht und geweint. Colearning Wien versteht sich nicht nur als Lern-, sondern als Lebens- und Arbeitsgemeinschaft.

„Markhof"

Und weil Stefan nicht nur ein Träumer und Macher, sondern auch ein Visionär ist, entwickelte er mit seinem Team das Konzept Colearning weiter und integrierte es nach nur einem Jahr in ein größeres Projekt. Sie gründeten im 3. Wiener Gemeindebezirk den „Markhof – das Dorf in der Stadt", das auf den drei Säulen Colearning, Coworking und Coliving aufbaut. Das Konzept dieses Dorfes ist allerdings keine neue Idee, sondern viel mehr die Umsetzung der uralten, afrikanischen Philosophie „It takes a village to raise a child." Weil das Team davon überzeugt ist, dass die Begleitung von Kindern nicht die alleinige Aufgabe der Eltern (schon gar nicht nur der Mütter) sein soll, sondern viel mehr die einer größeren Gemeinschaft. So sind die Kinder nicht nur auf zwei (oder gar eine) Person(en) fixiert, sondern dürfen von unterschiedlichen

Charakteren lernen und sich inspirieren lassen. Ein wunderbares Modell für die heutige Zeit, in der immer öfter beide Elternteile arbeiten müssen und ohnehin immer weniger Zeit für ihre Kinder haben.
Aktuell lernen, arbeiten und leben 60 Menschen im Markhof, 40 Colearner und 20 Coworker. Tendenz steigend. Das Ziel des urbanen Dorfes ist es, zu einer Gemeinschaft von circa 100 Mitgliedern zu wachsen, einer Größe, in der der Betrieb ordentlich ins Laufen kommt, aber immer noch überschaubar und damit persönlich bleibt.

Der Markhof ist ein wahr gewordener Traum. Nicht nur für Lorenz und Stefan, auch für das ganze Team. Das beweist nicht zuletzt ihr Modell der „Beitragsökonomie". Der Markhof ist ein privat betriebenes und unabhängiges Lernzentrum und wird dementsprechend weder vom Staat, noch von der Kirche finanziert, sondern von den Beiträgen der Eltern, Gönner und Sponsoren. Zusätzlich verdienen sie Geld durch ihre eigenen Kursangebote, den Betrieb eines Coworkingspaces und die Vermietung ihrer Räumlichkeiten für Workshops und Events. Die Einnahmen steigen laufend, reichen aber nach ihrem zweijährigen Bestehen noch nicht aus, um das ganze Team voll anzustellen und zu bezahlen. Dementsprechend basiert ihr System auf der Beitragsökonomie. Jeder Lernbegleiter und Mitarbeiter nimmt sich – in Form einer Anstellung – nur so viel Geld aus dem gemeinsamen Einnahmentopf, wie er auch tatsächlich braucht. Manche arbeiten überhaupt ehrenamtlich, weil sie sich ihren Unterhalt durch einen zweiten Job finanzieren, einfach genug Geld haben oder ihr Partner für sie mitverdient. Manche nehmen sich 500 Euro heraus, manche 1500, viele irgendwas dazwischen. Und zwar völlig unabhängig davon, wie viel sie arbeiten. Es gibt also Mitarbeiter, die 50 Stunden arbeiten und weniger verdienen als Kollegen mit 30. Das stört hier niemanden. Weil hier nicht in Arbeitsstunden abgerechnet wird, sondern in Lebenszeit. Eine Zeit, die in ein sinnvolles, größeres Ganzes investiert wird. Der Markhof als große Ressourcensharing- und Potenzialentfaltungsgemeinschaft.

Papa und Sohn träumen natürlich schon wieder weiter: Stefan davon, den Markhof weiterzuentwickeln und ihn zu einem „Role Model" für weitere „Dörfer" zu machen, mit denen sie sich dann austauschen können. Lorenz davon, eines Tages Fußballprofi zu werden. Ob bei Real Madrid oder dem FC Barcelona weiß er aber noch nicht.

Die Schule deines Lebens

Markhof schön und gut, aber weit davon entfernt, wie du damals in der Schule lernen musstest? Schade! Aber erstens kannst du es bei deinen (zukünftigen) Kindern besser machen, falls noch nicht zu spät, und zweitens kannst du von der Philosophie des Markhofs auch heute noch lernen und sie in dein Leben integrieren:

- Tue, was dich begeistert. Hab' ich schon erwähnt, ich weiß! Kann ich aber nicht oft genug sagen. Wenn du das, was du lernst, mit einer Emotion verbinden kannst, dann wird es auch hängen bleiben. Deswegen ist die Praxis auch um so viel wertvoller als die Theorie.

- Lerne, wie du lernst. Wissen verliert mehr und mehr an Bedeutung, weil du dank des Internets in der Sekunde so gut wie alles herausfinden kannst. Anwenden statt Ansammeln heißt die wichtigere Fähigkeit im 21. Jahrhundert.

- Bereite dich nicht auf das Leben vor, sondern lebe. Verschwende nicht zu viel Zeit mit Planungen und Vorbereitungen, sondern setze es um. Ist effektiver und macht mehr Spaß. Du wirst vielleicht etwas öfter auf die Schnauze fallen, aber gerade daraus lernst du am meisten.

- Sei offen. Du kannst von jedem Menschen lernen. Sogar von jenen, die du nicht so super findest. Mein Opa sagt immer: „Auch ein schlechtes Beispiel ist ein Beispiel."

Es ist nie zu spät, damit zu beginnen!
„Was Hänschen nicht lernt, lernt Hans nimmer mehr", ist für mich ein falscher Glaubenssatz und eine billige Ausrede. Im Gegenteil kann es meiner Meinung nach zu früh sein, mit zu viel zu beginnen. In der heutigen Zeit glauben ja viele Eltern, dass ihre Kinder schon vor dem Schuleintritt unbedingt eine Fremdsprache, zwei Sportarten und drei Musikinstrumente beherrschen sollten.

Deine Lernzeit endet nicht mit deiner Matura, deinem Lehr- oder Studienabschluss. Vielmehr geht es dann erst richtig los – wenn du offen bist und neugierig bleibst. Als Erwachsener musst du nämlich endlich nicht mehr lernen, was jemand anderer für richtig und wichtig hält, sondern darfst einzig und allein das lernen, was dich interessiert und begeistert. Du musst nicht mehr unter Druck auf Schularbeiten und Tests hinlernen, sondern darfst das Gelernte in deinem Leben anwenden. Dein Leben ist der Test. Und „keine Generalprobe", wie der Waldviertler Schuhfabrikant Heini Staudinger so schön propagiert. Es ist viel mehr ein Spiel, in dem du ausprobieren und experimentieren darfst. Fehler sind dabei nicht nur erlaubt, sondern sogar wichtig. Sie sind ein Schritt am Weg zu deinem Ziel, zu deinem Erfolg, zu deinem Traum.

Titel und Zertifikate

Aufgrund der jahrelangen Konditionierung in der Schule tendieren wir natürlich auch als Erwachsene weiterhin stark dazu, uns über Zeugnisse, Zertifikate und Titel zu definieren. Du darfst dich aber von dem Glaubenssatz befreien, nur durch ein herkömmliches Studium lernen zu können oder nur mit einem akademischen Grad etwas wert zu sein. Titel verlieren in vielen Ländern bereits erheblich an Bedeutung. Im sehr traditionellen Österreich wehren wir uns zwar noch dagegen, aber all zu lange wird das nicht mehr gelten. Weil es immer mehr alternative und teilweise viel effektivere Möglichkeiten gibt, um zu lernen und dich weiterzuentwickeln.

Ali und Peter sind nur zwei von vielen Beispielen dafür: Peter hat ohne Wirtschaftsstudium mit nur 30 Jahren bereits fünf Firmen gegründet. Ali Mahlodji brach sogar die Schule ab und hat es trotzdem zum erfolgreichen Unternehmer, Topspeaker und Bestsellerautor geschafft.

Self- & E-Learning

Dank des Internets hast du heute Zugang zur größten „Schule" der Welt. Was auch immer du lernen möchtest, du findest online etwas dazu. Angefangen von Blogposts, Ebooks oder „TED"-Talks, von denen du dich inspirieren lassen kannst, bis hin zu ganz konkreten Lernprogrammen über Youtube-Tutorials, die „Khan Academy" oder anderen Lernplattformen und Onlinekursen. Du interessierst dich brennend für ein Thema? Dann google es und in der Sekunde bist du mittendrin. Keine bürokratischen Hürden, keine Aufnahmekriterien, keine Wartezeit. Du kannst lernen, was, wann und wo du willst. In deinem ganz persönlichen Tempo. Vieles sogar kostenlos.

Zukunftsforscher vermuten, dass das Internet die herkömmlichen Schulen und Unis in gar nicht so langer Zeit vielleicht sogar komplett ersetzen könnte. Fakt ist, dass es als eine sehr effektive und sinnvolle Ergänzung und Erweiterung dient. Ich bin aber davon überzeugt, dass zwischenmenschliche Beziehungen das Lernen unterstützen (sollen). Weil es einfach schöner ist, sich etwas gemeinsam zu erarbeiten. Oder weniger schmerzt, gemeinsam zu scheitern. Und weil das Ganze eben mehr ist als die Summe seiner Einzelteile.

10.000-Stunden-Regel

Egal woher du dir die Inspiration, die theoretischen Kenntnisse und das Know-how holst, das Allerwichtigste ist und bleibt das Tun. Erst wenn du selber anpackst, deinen Hintern hochkriegst, dir deine Finger schmutzig machst, wird das Erlernte zu einer Erfahrung.

Über den Tellerrand hinausblicken, den ersten Schritt machen, ausprobieren und experimentieren, Richtung ändern und neu durchstarten: All das ist wichtig und oft unabdingbar, um herauszufinden, was du wirklich willst. Willst du aber in dem, was du tust, sehr gut, Meister oder Profi, (ein guter) Lehrer oder Trainer werden, musst du dich irgendwann auf ein Thema konzentrieren, dranbleiben und Extraschichten einlegen. Dann reicht es nicht mehr, nur die Oberfläche anzukratzen.

Hast du schon mal was von der 10.000-Stunden-Regel gehört?
Die Psychologen Anders Ericsson, Ralf Krampe und Clemens Tesch-Römer stellten diese Regel Anfang der 1990er auf. Autor Malcolm Gladwell machte sie in seinem Bestseller „Überflieger" bekannt. Sie besagt, dass du in allem ein Meister oder Profi werden kannst, wenn du ausreichend, zumindest 10.000 Stunden (= 416 Tage durchgehend oder, etwas realistischer, zB 10 Jahre lang 2 Stunden und 44 Minuten täglich) übst: Schreiben oder Fotografieren, ein Musikinstrument oder eine Sportart, ein Handwerk oder eine künstlerische Tätigkeit.
Viktoria Schnaderbeck ist deshalb eine der erfolgreichsten Fußballerinnen, weil sie seit 20 Jahren täglich mehrere Stunden trainiert. Roland Düringer deshalb einer der erfolgreichsten Kabarettisten und Schauspieler, weil er seit 30 Jahren entweder vor der Kamera oder auf der Bühne steht. Ute Karin Höllrigl versteht deshalb so viel von Träumen, weil sie sich seit über 30 Jahren mit nichts lieber beschäftigt.
Diese und viele andere Beispiele zeigen, wie viel Übung es braucht, um in seinem Bereich richtig gut, vielleicht die oder der Beste zu werden.

Wobei natürlich nicht nur die Anzahl der geübten Stunden zählt, sondern natürlich auch die Qualität. Da spreche ich aus eigener Erfahrung in meiner Fußballerkarriere. Bei manchen Trainern lernten wir in einer Woche mehr als bei anderen in einer ganzen Saison.

Wie so oft in diesem Buch kommen wir auch bei diesem Thema wieder zurück zu einem der wichtigsten Aspekte: Begeisterung. Sie ist die Basis für die 10.000-Stunden-Regel. Ist die nicht vorhanden, wirst du vermutlich nicht mal zehn Stunden dranbleiben. Erfüllt dich aber das, was du tust, mit Freude und Begeisterung, gibt es nichts Schöneres, als dich so viel wie möglich damit zu beschäftigen.

Pareto-Prinzip

Der italienische Ökonom Vilfredo Pareto befasste sich Ende des 19. Jahrhunderts sehr intensiv mit der Verteilung von Reichtum. Dabei stellte er nicht nur fest, dass 20 Prozent der Bevölkerung 80 Prozent des Reichtums besaßen, sondern dass dieses Prinzip in vielen Lebensbereichen angewendet werden kann. Auch heute noch:

- 80% deiner Telefonate führst du mit 20% deiner Kontakte

- 80% deiner Zeit trägst du 20 % deiner Kleidung

- 80% des Umsatzes einer Firma werden mit 20% der Produkte erzielt

Übertragen auf dein Leben bedeutet das, dass du meist mit (circa) 20 Prozent deiner Zeit schon zu (circa) 80 Prozent an deinem Ziel angelangt bist. Und genau hier kommt die entscheidende Frage ins Spiel: In welchen Bereichen und Tätigkeiten reichen dir diese 80 Prozent? Hier kann dir das Pareto-Prinzip dabei helfen, dir deine Zeit besser einzuteilen, in dem du dich nicht in irgendwelchen Details verlierst, die fürs große Ganze vielleicht kaum oder gar keine Bedeutung haben. Welche Tätigkeiten am Weg zu deinem Ziel sind die wichtigsten, welche weniger wichtig oder gar überflüssig, wenn du das „Big Picture" betrachtest? Lerne Prioritäten zu setzen, Nein zu sagen und dadurch wertvolle Zeit für die wirklich wichtigen Dinge zu gewinnen. Und für dich selber.

In welchem Bereich aber ist es dir wert, für die restlichen 20 Prozent des Ergebnisses 80 Prozent mehr Zeit zu investieren? Wo willst du noch am Detail feilen? Was willst du möglichst perfekt machen? Wo willst du die oder der Beste sein? Was ist es dir wert, jede freie Minute dafür zu investieren, früher aufzustehen oder nachts länger wach zu bleiben? Das ist dein Ding. Dein Ziel. Dein Traum.
Ein gutes Beispiel für das Pareto-Prinzip ist auch die Arbeit an diesem Buch. In 20 Prozent der Zeit hatte ich es zu 80 Prozent fertig geschrieben. Doch dann kam die Arbeit am Detail, die nicht immer Spaß, aber fürs große Ganze einfach Sinn, macht, das ständige Verbessern des Textes: Erstes Feedback einholen. Ändern, streichen, ergänzen, neu schreiben. Dem Lektor schicken. Ändern, streichen, ergänzen, neu schreiben. Letzter Feinschliff. Ändern, streichen, ergänzen, neu schreiben.

Außerdem musst du nicht alles alleine machen. Vielleicht sind die letzten 20 Prozent etwas, das für dich extrem anstrengend ist, aber jemand anderem ganz leicht fällt? So wie dieses Buch auch durch eine wunderbare Co-Kreation entstanden ist. Danke an dieser Stelle speziell an den Designer David Pflügl, den Online-Profi Georg Buchroithner, den Verleger Wolfgang Stricker und die fleißigen Korrekturleser.

Ein anderes Beispiel, das du vielleicht auch sehr gut kennst, ist die Einrichtung einer Wohnung. Hier scheiden sich nämlich oft die „Pareto-Geister". Zumindest bei Judith und mir. Während ich mit den 80 Prozent, d.h. wenn die wichtigsten Möbel einmal stehen, völlig zufrieden bin, beginnt für sie erst die richtige Arbeit, die Liebe am Detail, das Dekorieren und Verschönern. Selbstverständlich zu jeder Jahreszeit wieder neu.

Ich habe das Gefühl, dass es in unserer Welt schon genug Mittelmaß und Oberflächlichkeit gibt. Es braucht mehr Menschen, die die 100 Prozent ansteuern, die es ernst meinen, die einen wirklichen Mehrwert liefern. Bei sehr vielen meiner Talkgäste habe ich neben ihrer Begeisterung beobachten können, dass hinter ihrem Tun oft ein Sinn steckt, sie eine Vision haben. Das wahre Glück besteht darin, nicht nur dich selbst zu verwirklichen, sondern dich als Teil des großen Ganzen zu verstehen und diese Welt ein bisschen besser zu machen.

Veranlagung oder Übung?

Eine viel diskutierte Frage in Bezug auf das Lernen ist die nach dem Talent. Wie viel des Potenzials ist uns angeboren, wie viel können wir erlernen? Sehr viele junge Burschen haben zum Beispiel den Traum, Fußballprofi zu werden. Aber könnte es wirklich jeder schaffen?
Ein Blick auf die erfolgreichsten österreichischen Fußballprofis der letzten zehn Jahre beweist das. Christian Fuchs, Julian Baumgartlinger, Emanuel Pogatetz, Paul Scharner oder Martin Stranzl gehören sicher nicht zu den größten Supertalenten, aber sie haben alles ihrem Traum untergeordnet. Selbst bei Superstar David Alaba spielen Wille und Glaube eine mindestens genau so große Rolle wie seine eigentliche fußballerische Begabung. Und bei Supertalent Marko Arnautovic, dem mit Abstand besten Fußballer, mit dem ich je zusammengespielt habe, wäre vielleicht noch viel mehr drin gewesen, wäre er von Beginn an so fleißig und zielstrebig gewesen wie zuletzt.

Nicht einmal Ronaldo, einer der beiden Weltfußballer des letzten Jahrzehnts, ist ein Supertalent. Spätestens seit der beeindruckenden Dokumentation „Ronaldo – sein harter Weg zum Weltfußballer" weiß man, wie viel sich sogar er extrem hart erarbeiten musste. Ohne seinen unbändigen Willen wäre vermutlich ein durchschnittlicher portugiesischer Bundesligakicker aus ihm geworden. Und der andere, Messi, der ist die berühmte Ausnahme, die die Regel bestätigt. Der lässt sich zwar auch nicht den ganzen Tag die Sonne auf den Bauch scheinen, hat aber so unglaublich viel Talent geschenkt bekommen, dass er so viel gar nicht falsch machen kann, um nicht der Beste zu sein. Zumindest für mich.

Feedback

Ein sehr wichtiger Faktor, wenn du lernen und dich weiterentwickeln möchtest, ist das Feedback, das konstruktive Feedback. Das Problem ist nur, dass wir vor allem in Österreich keine gute Feedbackkultur pflegen bzw. oft gar keine haben. Einerseits weil wir zu sehr mit uns selbst beschäftigt sind und gar keinen Kopf dafür haben, Feedback zu geben, und andererseits, weil wir einfach falsch damit umgehen. Dabei müssen wir zwischen positivem und negativem Feedback unterscheiden. Das positive ist weniger Problem, außer dass es zu selten passiert. Du freust dich doch auch über Lob und Anerkennung? Dann teile es selber öfter aus und du wirst sehen, dass es umso öfter zu dir zurückkommt. Mit negativem Feedback haben wir schon größere Probleme. Wir geben es nicht gerne, entweder aus Angst, in einen unangenehmen Konflikt zu geraten oder aus Angst, jemanden zu verletzen. Und wir erhalten es auch nicht gerne, weil wir es persönlich nehmen und/oder zu bequem sind, uns damit auseinanderzusetzen.

Und die wenigen Mutigen, die Feedback austeilen, machen es leider oft falsch. „Das war gut“ oder „Das war schlecht“ ist nicht konstruktiv. Die Information, warum es gut oder schlecht war, liefert den Mehrwert. Erst dann kann es der Empfänger im Zusammenhang verstehen und das nächste Mal besser machen. Wenn du eine Idee hast wie, liefere am besten gleich einen Verbesserungsvorschlag mit.

Vor allem bei harter Kritik hilft die „Sandwich-Methode“. Beginne und beende dein Feedback mit etwas Positivem, um den Empfänger nicht zu sehr zu überrumpeln. Dann ist die Chance größer, dass er es an sich heranlässt.

Und wie immer: Der Ton macht die Musik. Sachliches, gut formuliertes Feedback auf Augenhöhe wirkt mehr als eine Belehrung oder Beleidigung von oben herab. Als Empfänger darfst du Kritik niemals persönlich nehmen. Als Mensch bist du unantastbar. Du bist nicht gut oder schlecht, sondern nur das, was du getan hast, ist gut oder schlecht. Deshalb solltest du als Sender immer die Sache und nicht die Person ansprechen, also zum Beispiel nicht „Du bist schwach" sondern „Diese Aktion von dir war schwach". Außerdem darfst du nicht jedes Feedback für bare Münze nehmen. Versuche es zu analysieren, zu relativieren und noch viel mehr zu spüren, ob und wie es dir helfen kann. Zu viel Feedback kann auch schädlich sein. Zu viele Kritiker verderben den Brei. Wenn du zum Beispiel deinen Job hinschmeissen willst, weil du dich nach Veränderung sehnst, dir aber alle von diesem Schritt abraten, weil es ein sicherer Job ist und du gutes Geld damit verdienst, solltest du es wahrscheinlich trotzdem tun. Herz vor Logik. Bauch vor Kopf. Vertraue auf dein Gefühl.

1. 2. 3. 4. 5.

6. 7.

Glaubst du an dich?

Christopher Kager

Hollywood-Schauspieler

Den ganzen Talk findest du auf www.träum-weiter.at/talks

Es war einmal der kleine Christopher.
Er lebte in einem kleinen Dorf in der Steiermark. Seine Lieblingsbeschäftigung war es, Serien und Filme zu schauen. Seine (Film-)Helden waren vor allem Piloten, Rechtsanwälte, Polizisten und Detektive. Und der Terminator. Chris entwickelte schon als Kind den Traum, Schauspieler zu werden. „Warum sich für nur ein ‚Leben' entscheiden, wenn man als Schauspieler ganz viele verschiedene spielen kann?", dachte er sich.
Relativ schnell wurde ihm klar, dass er mit seinem Traum in seiner Heimat Österreich nicht glücklich wurde. Weil er erstens lieber in Filmen als am Theater spielen, und das zweitens auf Englisch tun wollte. Am liebsten in Hollywood. Während einige seiner Freunde ihn und seinen Traum für verrückt erklärten, holte er sich Hoffnung und Bestätigung vom Terminator. Arnold Schwarzenegger war von Beginn an seine größte Inspiration. Nicht nur seine Karriere als Schauspieler, sondern sein ganzer Lebenslauf vom Steirer Buam über den Mr. Universe zum Gouverneur von Kalifornien motivierte ihn, alles schaffen zu können, was er wollte. Wenn er alles, wirklich alles dafür gab. Warum sollte er es nicht auch schaffen? Auf die Steirer Luft konnte er schon mal bauen.

Weil der Weg nach Los Angeles doch ein weiter war, begann er fürs Erste, regelmäßig nach England zu reisen, um sein Englisch zu verbessern. Als er sich sicherer fühlte, ging es weiter nach Kalifornien. Das erste Mal für zwei Wochen, um sich einmal umzuschauen, ein Jahr später schon für drei Monate, um ein Gefühl dafür zu entwickeln, ob er sich vorstellen könnte, auch tatsächlich hier zu leben. Eine Übersiedlung vom kleinen, sehr traditionellen Vorau mit 2 000

Einwohnern in die Weltmetropole L.A. mit 8 000 000 Einwohnern würde ja doch einen kleinen Unterschied machen. Seine Antwort war der Traum eines jeden Hochzeitsantragstellers und kam wie aus der Pistole geschossen: Ja, ich will! Nach diesen drei Monaten gab es in seinem Kopf kein Zurück mehr. Er wollte das unbedingt! Und wie!

Aber wie? Es gibt einfachere Übungen, als eine Arbeitsbewilligung in den USA zu erhalten. Obwohl Babies und Kleinkinder für Chris sowas wie Außerirdische waren, meldete er sich trotzdem auf einer Au-pair-Plattform an, weil es ihm kurzfristig die einfachste und schnellste Möglichkeit schien, mal ein Füßchen ins Land der unbegrenzten Möglichkeiten zu setzen. In der Zwischenzeit vertrieb er sich in Wien seine Zeit in einer Videothek (das waren die physischen Läden vor der Ära „amazon prime" und „google play", wo man Videos ausleihen und kaufen konnte) arbeitend, um sich weiterhin mit Filmen beschäftigen zu können. Außerdem reiste er zwischendurch weiterhin viel auf die Insel, um sein mittlerweile gutes Englisch zu behalten und sich als Zwischenschritt auch dort um einen Job umzuschauen. Als er kurz davor war, dort einen anzunehmen, meldete sich eine alleinerziehende Mutter aus San Francisco, die einen Aufpasser für ihren Sohn suchte. Vielleicht auch für sich selbst, aber das verrät uns Christopher in unserem TräumWeiterTALK nicht. Zum Glück war der Sohn schon 15 Jahre alt und für Chris dementsprechend weniger außerirdisch. Wirklich aufpassen musste er auf ihn ohnehin nicht mehr, seine Aufgabe war es vielmehr, ihn herumzukutschieren. Zur Schule, zum Sport und wieder zurück. Aufpassen musste er eher auf das Anwesen der Familie, während die Mutter zur Arbeit ging. Das war zwar nicht der Traumjob von Chris, aber definitiv ein großer Schritt dorthin. Es war sein Eintrittsticket nach Kalifornien, nur wenige Autostunden entfernt vom Schauspieler-Mekka Hollywood, indem er zumindest einmal ein Jahr bleiben durfte. Neben seiner Tätigkeit als Chauffeur und Hauswart blieb auch noch genug Zeit, um Kontakte zu knüpfen und Castings zu besuchen.

In dieser Zeit verliebte er sich auch. Nicht in die alleinerziehende Mama, sondern in eine Restaurant-Managerin. Verliebt, verlobt, verheiratet machten die beiden relativ schnell Nägel mit Köpfen. Chris erhielt durch die Hochzeit auch seine „Green Card", mit der er ab sofort für immer bleiben durfte. Nach wenigen Monaten übersiedelten die beiden nach Los Angeles, um Chris' Wege zu den Castings zu verkürzen und spannende Kontakte zu knüpfen. Und wie es eben so ist, wenn du mutig bist und dranbleibst, bekam er nach wenigen Monaten seine erste Rolle als Soldat in einer Serie. Nicht trotz seines österreichischen Akzentes, sondern gerade deswegen. Arnold Schwarzenegger lässt grüßen. Der einen Rolle folgte die nächste. Und die nächste. Und die nächste. Und so wurde schließlich eine Agentur auf ihn aufmerksam, die ihm seit diesem Zeitpunkt Aufträge vermittelt. Mittlerweile ist Chris Dauergast in diversen Serien und spielte sogar schon ein Nebenröllchen in „King Kong". Am Set trifft er regelmäßig Kapazunder wie Will Smith oder Alfonso Riberio (Carlton aus „Der Prinz von Bel Air") und einer seiner größten Träume ging auch schon in Erfüllung: Ein Plauscherl mit seinem großen Idol Arnie bei einem gemeinsamen Eiweiß-Shake!
Chris' Geschichte zeigt so schön, was du alles schaffen kannst, wenn du an dich und deinen Traum glaubst. Aber wie geht das? Du bist nicht als Terminator auf diese Welt gekommen? Sondern eher als Rotkäppchen?

Magdalena Hesser

Yoga-Lehrerin

Den ganzen Talk findest du auf www.träum-weiter.at/talks

Dann lass' dich von der Geschichte der Yoga-Lehrerin Magdalena Hesser inspirieren: Anders als Chris war sie als Kind und Jugendliche sehr ängstlich und unsicher. Sie hatte etwas mehr auf den Rippen, war ziemlich unbeweglich und wurde deshalb auch oft gehänselt. Damals holte sie sich ihre Bestätigung noch über (sehr) gute Noten, zumindest von ihren Eltern und Lehrern. Bei ihren Mitschülern machte sie das noch unbeliebter. Mollig und strebsam – eine schlechte Kombi, um in der Schule zu der coolen Clique zu gehören. Nach der Matura folgte sie dem Rat ihrer Mutter, ins Ausland zu gehen, um damit eine wertvolle Erfahrung für ihr weiteres Leben zu machen. Wie Chris (ver)suchte sie ihr Glück als Au-pair, allerdings mit einem anderen Ziel: In erster Linie, um sich mal von ihrem gewohnten Umfeld zu befreien, sich selbst kennen (und schätzen) zu lernen und woanders von mehr oder weniger Null neu durchzustarten. Neben dieser Möglichkeit konnte sie außerdem ihr Französisch verbessern und sich damit gute Voraussetzungen für ein mögliches Lehramtsstudium schaffen. Sie hatte nämlich schon lange den Traum, Lehrerin zu werden.

Ein Jahr verging und Lena kehrte wie ausgewechselt zurück. Nicht nur mit einem viel besseren Französisch, sondern auch einer schlankeren Taille und einer breiteren Brust. Nicht durch eine Operation an ihrem Körper, sondern einer an ihrem Geist und ihrer Seele. Durch das Jahr im Ausland entwickelte sie sich von einer ängstlichen Jugendlichen zu einer reifen, selbstständigen und selbstbewussten jungen Frau. Und so startete sie ihr Lehramtsstudium für Französisch und Psychologie/Philosophie, um sich ihren Traum zu verwirklichen, Lehrerin zu werden. Am Anfang gefiel ihr das recht gut, je länger das Studium aber dauerte, desto mehr spürte sie, auf dem falschen Weg zu sein. Die Richtung (Lehrerin) stimmte zwar, die Spur (Schulsystem) aber nicht.

Nachdem sie schon viele Jahre Yoga praktiziert hatte, absolvierte sie 2015 ein zweiwöchiges Retreat auf Bali, das ihr so sehr zusagte, dass sie daraufhin parallel zum Studium die Ausbildung zur Yoga-Lehrerin absolvierte. In dieser Zeit spürte sie, dass ihre Begeisterung für Yoga noch viel größer war als für die Uni. In Lenas Kopf bedeutete Lehrerin zu sein immer, in einer herkömmlichen Schule in einer Klasse zu stehen. Ein falscher Glaubenssatz, den viele mit sich herumtragen. Aber wie es eben so ist, wenn du deiner Begeisterung folgst, hilft dann auch das Universum mit und liefert dir Dinge, die du nicht besser hättest planen können.Nach ihrer Ausbildung war es für sie klar, das Gelernte sofort umsetzen, also selbst unterrichten, zu wollen, woraufhin sie sich auf eine Empfehlung einer Freundin in einem ihr bis dato unbekannten, kleinen Yogastudio bewarb. Die Zusage ließ nicht lange auf sich warten. Es war Liebe auf den ersten Blick. Nicht einmal ein Jahr später entschied die Besitzerin völlig überraschend aufzuhören und das Studio zu schließen. Das war Lenas große Chance, nicht nur Yoga-Lehrerin zu sein, sondern darüber hinaus quasi ihre eigene „Schule" zu gründen. Erst rutschte ihr zwar das Herz in die Hose, aber nach ein paar Mal darüber schlafen wusste sie, sich diese Möglichkeit nicht entgehen lassen zu wollen. Sie eröffnete die „Yogaria" und fördert seither Menschen am Weg in die Meditation, in ihre Mitte, zu sich selber. Ob sie das noch länger in der Yogaria machen oder bald wieder eine neue Herausforderung annehmen wird, steht noch in den Sternen.

Durch ihre mutige Entscheidung hat Lena auch in ihrer eigenen Persönlichkeitsentwicklung wieder einen großen Schritt gemacht. Und dadurch unter anderem eine weitere Blockade in sich lösen können. Aufgrund des Misstrauens in ihren Körper hatte sie als Kind furchtbare Angst davor, einen Purzelbaum zu machen. Diese Angst begleitete sie bis vor kurzem. Als Yoga-Lehrerin traute sie sich lange keinen Kopfstand zu machen, eine Position, die jede andere Yoga-Lehrerin mit Leichtigkeit zustande bringt.

Irgendwann dachte sie sich: „Wie lächerlich ist das eigentlich? Ich bin jetzt in der Lage, ein eigenes Unternehmen zu führen. Da werde ich mich doch auch im Kopfstand halten können!" Gesagt getan. Sie zauberte ihren ersten Kopfstand hin und machte damit einen weiteren, sehr symbolischen Schritt in ihrer Entwicklung. Diese Position erinnert sie mittlerweile nicht nur regelmäßig an ihr hart erarbeitetes Selbst-Vertrauen, sondern zudem an eines ihrer wichtigsten Lebensmottos: Herz über Kopf!

Die wenigsten Menschen haben so wie Christopher ihr Selbstvertrauen in die Wiege gelegt bekommen, sondern müssen es sich eher wie Lena Schritt für Schritt erarbeiten. Um das tun zu können, musst du dir – wie in Kapitel zwei schon beschrieben – im ersten Schritt mal bewusst machen, was dein „Selbst" überhaupt ist. Wem oder was kannst oder willst du überhaupt vertrauen? Selbstbewusstsein ist nicht gleich Selbstvertrauen, sondern der erste Schritt dort hin. Erst wenn du weißt, was dich als Mensch auszeichnet, wer du bist und was du willst, kannst du beginnen, Selbstvertrauen aufzubauen.

Und wie funktioniert das? Vor allem, indem du Erfolgserlebnisse sammelst. Wenn du tust, was dich interessiert oder gar begeistert, wirst du dranbleiben, besser werden, erfolgreich werden.

Geduld

Aber natürlich nicht von heute auf morgen. In unserer schnelllebigen Zeit ist die Ungeduld ein großes Problem geworden. Weil du es gewohnt bist, Vieles auf Knopfdruck haben zu können, hast du vielleicht verlernt, auf etwas warten zu müssen. Willst du etwas einkaufen, musst du nicht mehr wegfahren, im Stau stehen und Parkplatz suchen, sondern du bestellst es online in drei Minuten und am nächsten Tag ist es da. Willst du etwas essen, musst du nicht mehr einkaufen, kochen und abwaschen, sondern du bestellst es über einen Lieferservice. Willst du ein Date, musst du keine ewigen Liebesbriefe oder einen waghalsigen Flirtversuch starten, sondern wischt auf Tinder ganz einfach nach rechts (und hoffst, dass dein Ziel der Begierde das auch tut). Fährt dir die U-Bahn vor der Nase weg, zuckst du aus, weil du vier Minuten auf die nächste warten musst. Schreibt ein Freund auf WhatsApp nicht zurück, obwohl schon seit zehn Minuten die zwei blauen Hakerl aufscheinen, machst du dir Sorgen oder bist beleidigt.

Erfolg über Nacht ist ein Schmäh der Werbeindustrie. Wenn schon, dann ist es Erfolg über Nächte, viele Nächte, oft auch viele schlaflose Nächte. Er-folg, wie der Name schon verrät, folgt auf etwas, nämlich auf konsequente und zielstrebige Arbeit. Lena und Chris sind zwei wunderbare Beispiele dafür.

Noch ein weiteres, vielleicht das Symbol für Geduld und Ausdauer, ist für mich der wunderbare Nelson Mandela. Der südafrikanische Aktivist und Regierungsgegner, der sein Leben dem Kampf gegen die Apartheid widmete, wurde mit 46 Jahren wegen Sabotage und Planung bewaffneten Kampfes zu lebenslanger Haft verurteilt. Für ihn kein Grund zum Aufgeben. Ganz im Gegenteil zum noch intensiveren Hingeben. Er nützte die Möglichkeit, um ganz in Ruhe an der zukünftigen Verfassung Südafrikas zu arbeiten und glaubte trotz des Urteils weiterhin daran, diese noch umsetzen zu können. 27 (!) Jahre später war es soweit: Nach steigendem internationalen Druck wurde er entlassen und präsentierte noch am selben Tag vor 120 000 begeisterten Anhängern seine neue Politik der Versöhnung, seine Vision eines „nichtrassischen, geeinten und demokratischen Südafrikas mit allgemeinen, freien Wahlen und Stimmrecht für alle". Vier Jahre später wurde er zum ersten schwarzen Präsident seines Landes gewählt.In seiner Autobiografie „Der lange Weg zur Freiheit" erzählt er selbst von der Zeit seiner Haft:
„Während dieser langen, einsamen Jahre wurde aus meinem Hunger nach Freiheit für mein eigenes Volk der Hunger nach Freiheit aller Völker, ob weiß oder schwarz. [...] Ein Mensch, der einem anderen die Freiheit raubt, ist ein Gefangener des Hasses. [...] Der Unterdrückte und der Unterdrücker sind gleichermaßen ihrer Menschlichkeit beraubt. Als ich das Gefängnis verließ, war es meine Aufgabe, beide, den Unterdrücker und den Unterdrückten zu befreien." Doch ein langer, noch schwierigerer Weg stehe noch bevor. „Denn um frei zu sein genügt es nicht, einfach nur die Ketten abzuwerfen, sondern man muss so leben, dass man die Freiheit des anderen respektiert und fördert."

1. 2. 3. 4. 5.
6. 7. 8.

Setzt du dir Ziele?

Michael Strasser

Extremsportler

Den ganzen Talk findest du auf www.träum-weiter.at/talks

Es war einmal der Architekt Michael Strasser.
Michi absolvierte die HTL und stieg danach direkt ins Berufsleben ein. Er plante Häuser für reiche Menschen und verdiente damit auch ein ordentliches Stück vom Immobilien-Kuchen. Nach vier Jahren Arbeit entschloss er sich, sich über ein Architekturstudium noch mehr Know-how in diesem Bereich anzueignen. Doch weniger, um noch mehr Häuser für noch reichere Menschen zu planen, sondern eher um mehr Zeit für seine wahre Leidenschaft zu gewinnen: den Sport.

2016 verwirklichte er sich seinen großen Traum, einmal durch ganz Afrika zu reisen. Aber nicht so gemütlich, um wie andere Reisende Land und Leute kennenzulernen, sondern eher im Schnelldurchlauf. Er hatte nämlich maximal 37,5 Tage Zeit. Michi ist ein sehr ungeduldiger Mensch. Bei ihm muss alles immer schnell gehen. Vor allem wenn er unterwegs ist. Und noch schlimmer: Er ist auch ein ziemlich harter Hund. Er schlägt gerne andere. Und scheut nicht einmal davor zurück, wenn die anderen in Überzahl sind. In dem konkreten Fall, von dem ich euch erzählen möchte, waren es sogar fünf! Und nicht irgendwelche fünf Weicheier, sondern fünf ähnlich harte Hunde wie er! Aber mach dir am besten dein eigenes Bild: Michi wollte also in weniger als 37,5 Tagen durch Afrika fahren. Von Kairo nach Kapstadt! Über 11.000 Kilometer! Im Schnitt 18 Stunden und 400 Kilometer pro Tag! Bei Temperaturen bis zu 45 Grad!

Mit dem Fahrrad übrigens. Hab' ich das schon erwähnt?
Sein Ziel war es nämlich, einen Weltrekord zu brechen. Und zwar den von

einem Profi-Rad-Team, das zu fünft in Kairo startete und 37,5 Tage später zu dritt in Kapstadt ankam. Ob die zwei anderen freiwillig aufgaben oder von einem Leoparden gefressen wurden, habe ich leider nicht herausfinden können. Michi reichte es aber nicht nur, schneller zu sein als die anderen, er wollte auch noch alleine schneller sein als die anderen. In der Gruppe, mit gegenseitigem Pushen, abwechselndem Windschatten und so kann das ja jeder. „Ein Mann ist dann ein Mann, wenn er das alleine schaffen kann", ist seine Antwort auf die Frage von Herbert Grönemeyer[2].
Und was für eine Antwort er gegeben hat: Michi brach den Rekord um drei ganze Tage und radelte schließlich nach 34 Tagen, 11 Stunden und 10 Minuten am Fuße des Tafelbergs ein.

Michi wurde weder als Superman geboren noch als super Doper entlarvt. Sein Doping ist der Sport:

Ich brauche vorm Schlafengehen einen Grund, warum ich am nächsten Tag aufstehe.

meint er in unserem TräumWeiterTALK. Er liebt einfach, was er tut. Und dabei nicht nur an seine Grenzen zu gehen, sondern sich noch lieber „kontrolliert

 [2] *In seinem Song "Männer"*

selbst zu zerstören", wie er das so schön formuliert. Eine der wesentlichen Fragen, denen er auf diesem Trip nachgehen wollte, war: „Wie oft kann man ‚sterben' und trotzdem wieder zum Leben erwachen?"
Seine Antwort: Oft! Und vor allem sehr schnell hintereinander. „Höhen und Tiefen gehören zum normalen Leben. Aber dass die so schnell hintereinander auftreten können, war mir nicht klar. Manchmal lag nur eine Viertelstunde zwischen ‚am Boden zerstört' und ‚dem nächsten Höhenflug'", teilt er seine Gefühlswelt in unserem Gespräch.
Am achten Tag der Tour stand überhaupt das ganze Projekt „cairo2cape" auf der Kippe, als er sich vor lauter Überforderung abwechselnd übergeben oder seinem Durchfall untergeben musste. Am traurigen Höhepunkt des Tages beides gleichzeitig. Die anschließende Nacht war auch die erste und einzige, die er nicht in seinem Bus verbrachte, sondern im besten Hotel der Stadt. Im Sudan ist das ein Haus, in das es nicht hineinregnet.

Working Backwards

Träume und Visionen sind oft sehr abstrakt und geben die Richtung vor. Manchmal sind sie aber so weit weg, dass sie dich überfordern oder gar erschlagen können, vor allem wenn es mal nicht so läuft und sie in weite Ferne rücken.
Trotzdem bin ich ein Fan davon, bei der Zielsetzung möglichst hinten zu beginnen, inspiriert vom Prinzip „Working Backwards", d.h. bei Problemlösungen nicht beim Problem zu beginnen, sondern bei der Lösung. In deinem Fall ist die Lösung dein (End-)Ziel, dein Traum, deine Vision.

Egal worum es geht: um dich selbst, deine Familie, dein Projekt, dein Beruf, deine Firma oder was auch immer. Wo willst du damit in 5 oder 10 Jahren sein? Oder noch weiter gedacht und auf dein ganzes Leben umgelegt: Worauf willst du an deinem 90. Geburtstag zurückblicken? Oder was sollen deine Kinder mal auf deiner Beerdigung über dich erzählen? Wobei immer noch gilt:

Es ist nicht so wichtig, wie viele Tage dein Leben hat, sondern wie viel Leben deine Tage.

Gefühlsstrebigkeit vor Zielstrebigkeit

„Working Backwards" macht schon alleine deshalb Sinn, weil es hinter deinem Ziel oft das Gefühl ist, das du eigentlich erreichen willst. Und möglicherweise führen verschiedene Ziele zu diesem Gefühl.

Rebecca Randal liefert in ihrem wunderbaren Blogpost „Statt Vorsätze: Wie willst du dich fühlen?" ein sehr gutes persönliches Beispiel dazu. Sie erklärt, was hinter unseren so beliebten Jahresvorsätzen steckt und beschreibt dies anhand ihres eigenen Zieles, ein Online-Produkt zur „Spiritual Home Practice" herauszubringen: „Ich weiß, dass der Antrieb mein Wunsch nach Freiheit ist. Ein Gefühl, das ich genauso durch eine Reise herstellen könnte. Oder einen Umzug. Ich könnte auch einfach mehr projektbezogen arbeiten und dadurch ortsunabhängiger leben. Wie am Ende das Gefühl der Freiheit den Weg in meinen Alltag findet, ist mir am Ende egal. Wichtig ist nur, dass ich entspannt abwarten kann, wie sich die Dinge entwickeln und in der Zwischenzeit immer wieder überprüfe: ‚Fühle ich mich gerade so, wie ich mich fühlen möchte?" Hier noch ein Beispiel: Hinter dem Ziel, ein Haus zu bauen oder eine Wohnung zu kaufen, könnte zum Beispiel das Gefühl von Sicherheit und Geborgenheit liegen. Aber muss es wirklich Eigentum sein? Erzeugt dieser damit oft einhergehende, massive Schuldenberg nicht genau das Gegenteil, nämlich ein Gefühl von Unsicherheit und Abhängigkeit? Machst du dich damit nicht zum Gefangenen des Systems, in dem du 30, 40 Jahre viel Geld verdienen musst, um diese Schulden loszuwerden? Anstatt dir mit diesem Geld vielleicht ganz was anderes, viel Erfüllenderes leisten zu können? Reicht nicht vielleicht auch ein Haus oder eine Wohnung auf Miete, um dich geborgen und sicher fühlen zu können? Oder ein Camper? Oder ein Partner? Oder Freunde? Oder überhaupt nur das Glück in dir selber?

Der spirituelle Lehrer Osho sieht es ähnlich. Er vergleicht Ziele mit Richtungen, seinem Synonym für Gefühle: „Ein Ziel ist etwas Konkretes, etwas außerhalb von dir. Du kannst es kennen, aber nicht fühlen. Es liegt in der Zukunft, ist fix und kann dich hemmen. Hast du ein Ziel gewählt, hast du dich auf eine von vielen Möglichkeiten beschränkt. Eine Richtung hingegen ist etwas Abstraktes. Es ist ein Gefühl. Es ist aktiv, lebendig, pulsierend. Es liegt in der Gegenwart. Eine Richtung ist offen und lässt dich flexibel sein."

Und wenn du beginnst, Richtungen zu beschreiten anstatt Zielen hinterherzulaufen, wirst du erleben, dass du manchmal deine Ziele gar nicht mehr erreichen musst, um „anzukommen". Denn oft ist es der Weg, der Sinn macht. Unabhängig davon, wo er dich hinführt. Wenn du ihn achtsam und bewusst gehst.

Trotzdem bin ich der Meinung, dass es oft sinnvoll ist, deine Richtungen, Träume und Visionen zumindest auf kurzfristige Ziele und Meilensteine herunterzubrechen. Dir das „Big Picture" bewusst zu machen und darauf hinzuarbeiten, bietet den Vorteil, dass du dich am Weg weniger leicht von Details aufhalten oder kleinen Problemen unterkriegen lässt. Am Beginn ist es nur wichtig, es dich denken zu trauen und es dir bewusst zu machen, danach darfst du es aber schon wieder vergessen, frei nach dem Shaolin-Prinzip „Zielen. Spannen. Loslassen."

Denn wenn du dich auf deinem Weg – vor allem bei Hürden oder Rückschlägen – ständig damit beschäftigst, wie weit du von deinem Traum noch weg bist, hemmt dich das vermutlich eher als es dich antreibt. Umso wichtiger ist es, deinen Traum auf kurzfristige, ganz konkrete Ziele runterzubrechen. Einfach um eine gewisse Sicherheit zu bekommen, dich an etwas festhalten zu können und am Weg Erfolgserlebnisse sammeln zu können.

Es gibt keine Freiheit ohne Geborgenheit.

Sandra Kunz, Heilpraktikerin

Ansonsten läufst du in Gefahr, ständig neue Richtungen einzuschlagen ohne je an irgendetwas dranzubleiben. Der deutsche Bestseller-Autor und Vortragsredner Hermann Scherer beschreibt das in seinem Werk „Glückskinder" so treffend mit den „Sonderangeboten des Lebens": Der ehemalige Inhaber von mehreren Lebensmittelgroßmärkten meint damit die Versuchungen, bei den ersten Hürden oder Rückschlägen auf deinem Weg sofort alles hinzuschmeissen, weil dir irgendwelche Sonderangebote (Chancen, Jobs, Partner) schmackhaft gemacht werden. Doch am Anfang scheint immer alles Neue spannend und super. Wenn du dann einen neuen Weg eingeschlagen hast, werden wieder Hürden und Rückschläge auftauchen. Das ist ganz normal. Das ist das Leben.

Michi hat in seinem Projekt bewiesen, was möglich ist, wenn du konsequent und zielstrebig auf deinen Traum hinarbeitest. Seine größten Erfolgsfaktoren sind sein unbändiger Wille und seine Freude an der kontrollierten Selbstzerstörung. Er ordnet seinem Traum nicht nur alles unter, sondern weiß auch ganz genau, wie und wo er sich seine Ziele stecken kann. Der gebürtige Niederösterreicher und heutige Wahl-Wiener bereitete sich zumindest indirekt zehn (!) Jahre auf diese Tour vor. Bereits neben seinem Studium begann er mit dem Extremsport. Vom Duathlon zum Triathlon zum Extreme-Ironman. Seine größte Stärke war dabei aber immer das Radfahren. So entschloss er sich, sich mehr darauf zu fokussieren. Aber auch da fing er relativ klein an. Seine erste Challenge war, in zwei Tagen von Wien nach Graz zu radeln. Seine zweite von Wien nach Monaco. Seine dritte von Wien nach Athen.

2013 machte er das erste Mal so richtig ernst und holte sich in einem 4er-Team den Weltrekord „Race Across Russia" – die erste Speed-Durchquerung Russlands mit dem Rad! 9208 Kilometer von Moskau nach Vladivostok in 13 Tagen und zwei Stunden!
Dieser Weltrekord war die Initialzündung für etwas ganz Großes. Michi begann noch größer zu träumen: Er wollte sich nun den Weltrekord auf einer der schwierigsten Langstrecken der Welt holen. Von Kairo nach Kapstadt durch ganz Afrika. Und das nicht mehr im Fahrerteam, sondern alleine, weil es für ihn die puristischste und somit erfüllendste Form ist, das zu tun. Dass ihm viele davon abrieten und meinten, das sei nicht nur unmöglich, sondern auch noch sehr gefährlich, motivierte ihn nur noch mehr. Ab dem Moment, als er sich dieses Ziel steckte, ordnete er ihm alles unter. Dazu gehört nicht nur das tagtägliche, mehrstündige Training, sondern auch alles drumherum. Sport ist für Michi nicht nur eine Freizeitbeschäftigung, sondern eine Lebenseinstellung.

Und selbst auf der Tour war es für ihn wichtig, das große Ziel auf viele kleine herunterzubrechen. Der Weltrekord war sein ständiger Antrieb, die 11.000

Kilometer aber außerhalb seiner Vorstellungskraft. Auf täglich vier Mal hundert Kilometer konnte er sich einstellen. Und sich nach jedem „100er" auf ein Päuschen und ein Kaffeetscherl freuen.

Während Michis Körper mehrere Monate brauchte, um seinen Afrikatrip zu verdauen und auszukurieren, arbeitete sein Geist schon wieder am nächsten Traum: Mit seinem neuen Projekt „ice2ice" knöpft er sich nun die „Panamerica" vor, die von Alaska nach Patagonien mit 25.000 Kilometer längste fahrbare Strecke der Welt. Den aktuellen Weltrekord hält ein Mexikaner mit 117 Tagen. Michi ist zuversichtlich, diesen brechen zu können. Er behauptet, so fit wie noch nie in seinem Leben zu sein. Sowohl körperlich als auch mental.

Michi möchte weiterhin mit aller Konsequenz an seinen nächsten Zielen arbeiten, dabei aber seine Herkunft nie vergessen. Von Einem ist er völlig überzeugt: Egal welche Ziele du dir steckst, wenn du sie mit Hingabe und Ehrgeiz verfolgst, kannst du sie erreichen.

Wer den Weg der Wahrheit geht, stolpert nicht.

Mahatma Gandhi

Was ist dein Traum? Und welche Zwischenziele machen bei dir Sinn?

- Du willst unbedingt einmal einen Marathon laufen, bist aber gerade alles andere als topfit? Dann melde dich jetzt für einen Marathon im nächsten Jahr an, geh' heute noch eine kleine Runde joggen, frag' deine zehn sportlichsten Freunde, ob jemand mitmachen möchte und kauf' dir ein geiles Outfit. Wenn du zumindest zwei Mal pro Woche laufen gehst, mit 30 Minuten beginnst und dein Laufpensum jeden Monat um nur 15 Minuten erhöhst, wirst du erstaunt sein, wie topfit du in diesen Marathon gehen wirst.

- Du willst bis zu deiner Hochzeit im nächsten Jahr zehn Kilo abnehmen? Spar' dir die Radikal-Diät! Versuch' jeden Monat zumindest ein Kilo abzunehmen, indem du einfach ein bisschen weniger isst und dich ein bisschen mehr bewegst.

- Du willst ein Buch schreiben? Dann lass' dich nicht von 200 Seiten oder der Verlagssuche abschrecken. Mach' einen Schritt nach dem anderen. Schreib' jeden Tag eine Stunde. Ein Jahr lang. Und nach diesem Jahr investierst du genau die gleiche Zeit darin, um einen Verlag zu finden oder es selber zu vermarkten und zu verkaufen. Es war noch nie einfacher, ein Buch zu veröffentlichen.

- Du willst in drei Jahren auf Weltreise gehen? Dann schmeiß' jeden Tag fünf Euro in dein Sparschwein. In drei Jahren sind das 5475. Wenn das immer noch zu wenig ist, melde dich für „Work and Travel" an, verbinde Arbeit mit Reisen und lerne so Land und Leute auch aus dieser Perspektive kennen.

- Du willst in spätestens drei Jahren deinen Traumpartner und zukünftigen Vater deiner Kinder treffen? Sorry, alles kannst du nicht planen. Aber halte Augen und Ohren offen. Er kommt bestimmt.

Egal wie weit dein Traum noch entfernt ist, halte immer wieder inne und blicke zurück, was du schon alles erreicht hast. Du hast das Gefühl, es geht nichts weiter? Denk' nicht zu kurzfristig. Überleg' mal, wo du vor einem, drei oder fünf Jahren warst. Genieß' auch den Weg und feiere deine Meilensteine! Alleine schon aus Selbstschutz. Stell' dir vor, wenn du das alles aufstaust und dir für den Schluss aufhebst – diese Party würdest du nicht überleben!

Mentaltraining

Auf dem Weg zu deinen Zielen und Träumen kann dich mentales Training unterstützen. Es ist ein Werkzeug, deine Gedanken zu steuern und dadurch deine Potenziale voll auszuschöpfen. Denn der Gedanke kommt meist zuerst. Aus dem Gedanken wird das Wort, aus dem Wort die Tat, aus der Tat die Gewohnheit und aus deinen vielen Gewohnheiten schließlich dein Charakter. Bevor du dich mit positiven Gedanken programmieren und auf dein Ziel fokussieren kannst, musst du dich aber erst mal damit beschäftigen, was dir eigentlich im Weg steht. Beobachte dich selber und mache dir bewusst, welche negativen Gedanken du mit dir herumschleppst. Schreibe sie nieder und analysiere sie: Warum hast du sie überhaupt? Woher kommen sie? Was machen sie mit dir?

Wenn du das herausgefunden hast, darfst du sie auflösen. Aber nicht, indem du sie verdrängst, denn so erreichst du genau das Gegenteil: Dann machen sie es sich in deinem Unbewussten gemütlich. Du darfst dich ganz bewusst von ihnen verabschieden, indem du sie zum Beispiel symbolisch in den Papierkorb wirfst oder sie verbrennst. Und sie danach positiv um- oder überschreibst.

So zum Beispiel:
Bisher: „Ich brauche in der Früh einen Kaffee, um zu funktionieren."
Jetzt: „Ich stehe in der Früh auf und starte voller Energie in den Tag."

Wenn es sich um hartnäckige, lang angehäufte Glaubensmuster und Überzeugungen handelt, kann es durchaus vorkommen, dass sie wiederkehren. Dann schaue noch genauer hin und spiele das gleiche Spiel noch einmal. Wenn du deine Festplatte von den Viren erstmal befreit hast, dann kannst du die neue Software draufladen, deinen Geist positiv programmieren. Dabei gibt's ein paar ganz wichtige Dinge zu beachten:

- Formulier' deine Ziele positiv. Dein Gehirn versteht keine Negationen, also Wörter wie „nicht" oder „kein". Hier eine Kostprobe: „Denke jetzt nicht an einen rosaroten Elefanten!" Woran hast du jetzt wohl gedacht? Also statt „Ich mache keinen Fehler" besser „Ich schaffe das."

- Formulier' deine Ziele in der Gegenwart. Also statt „Ich werde Fußballprofi" besser „Ich bin Fußballprofi". Rede dir ein, dass du es bereits bist oder hast. Je öfter du das tust, desto mehr wirst du es glauben und dich dementsprechend verhalten. Genau so funktioniert Werbung zum Beispiel: Je öfter du ein Logo siehst oder einen Slogan hörst, desto stärker wirst du es oder ihn – zumindest unbewusst – abspeichern. Selbst wenn dein Bewusstsein sich dagegen sträubt.

- Bezieh' deine Ziele nur auf dich und keine anderen mit ein. Du kannst nur dich selber steuern oder ändern. Jeder ist seines Glückes Schmied. Also statt „Ich habe eine gute Beziehung zu meiner Mutter" besser „Ich bin ein guter Sohn."

- Lass' dich mit all deinen Sinnen auf dein Ziel ein. Bei einem Marathon zum Beispiel: Stell' dir vor, wie du unter deiner gewünschten Zeit ins Ziel einläufst. Wie du deine Freunde jubeln hörst. Wie du die frische Luft einatmest. Wie du vor lauter Stolz deine Gänsehaut spürst. Wie du vor überwältigender Freude zu lachen oder weinen beginnst.

- Und das Allerwichtigste: Deine Ziele müssen authentisch sein und sich gut anfühlen. Es bringt nichts, dich in dreieinhalb Stunden im Ziel feiern zu sehen, wenn du schon beim Stiegensteigen ins Schwitzen kommst. Es bringt nichts, dir einzureden, Popstar zu werden, wenn du schon beim Weihnachtssingen vorm Christbaum die Töne nicht triffst. Es bringt nichts, dein Buch ins Bestseller-Regal zu visualisieren, wenn du spürst, dass die Zeit dafür noch nicht reif ist. Es bringt nichts, dir deinen Traumpartner in dein Schlafzimmer zu wünschen, wenn du mit deinem Ex noch nicht wirklich abgeschlossen hast.

1. 2. 3. 4. 5.

6. 7. 8. **9.**

Wie gehst du mit Rückschlägen um?

Andreas Onea

Paralympicschwimmer & Moderator

Den ganzen Talk findest du auf www.träum-weiter.at/talks

Es war einmal der kleine Andy.
Pumperlgesund geboren wuchs er völlig unbeschwert erst im Waldviertel, dann in Wien auf. Bis zu seinem sechsten Lebensjahr, als ein Moment sein Leben auf einen Schlag verändern sollte: Er hatte mit seinen Eltern einen folgenschweren Autounfall, einen, bei dem er eigentlich hätte draufgehen müssen. Glück im Unglück verlor Andy „nur“ seinen linken Arm statt sein ganzes Leben. Ein wesentlicher Bestandteil seiner jahrelangen Therapie war das Schwimmen, das für ihn bald mehr war als nur ein Werkzeug, um gesund zu werden. Viel mehr entwickelte es sich zu einem Hobby, das ihm Freude bereitete und mit der Zeit auch zu einer Möglichkeit, seine Grenzen kennenzulernen und diese Schritt für Schritt zu erweitern.
Während andere der Meinung waren, man brauche zwei Arme, um schnell schwimmen zu können, machte Andy dieser Prozess so viel Spaß, dass er mehr und mehr trainierte und allen Zweiflern das Gegenteil bewies: Im zarten Alter von elf Jahren qualifizierte er sich das erste Mal für eine Weltmeisterschaft, indem er damals schon schneller schwamm als wahrscheinlich 99 Prozent der zweiarmigen Erwachsenen.

Ab da war er bei jedem Großereignis dabei, insgesamt zwei Europa- und zwei Weltmeisterschaften sowie bei den Paralympics 2012 in London, wo er um nur 26 Hundertstel eine Medaille verpasste. So groß die Enttäuschung damals war, so groß war aber auch der Antrieb, es bei den nächsten Paralympics aufs Siegerpodest zu schaffen. Vier Jahre lang ordnete er diesem Ziel alles unter. In seinem Fall bedeutet das: 8-11 Wassereinheiten zu je 2-2,5 Stunden pro Woche. Zusätzlich noch Krafttraining, Ausdauertraining, Stabilitätstraining und Ausgleichsgymnastik. Und wie es eben kommt, wenn du an dein Ziel glaubst, alles dafür tust und die Zeit reif ist, lachte er vier Jahre später in Rio de Janeiro tatsächlich vom visualisierten Stockerl herunter und erfüllte sich seinen großen Traum.

Wie Nachteile zu Vorteilen werden können

Andy hat es geschafft, weiterzuträumen. Und das interessanterweise nicht trotz seines schweren Autounfalls, sondern gerade deswegen! Erst der Verlust seines Armes brachte ihn zum Schwimmen und damit zu seiner größten Leidenschaft. Andy hat verstanden, dass du gewisse Umstände in deinem Leben einfach nicht ändern kannst, sehr wohl aber deinen Umgang damit. So gelang es ihm, seinen vermeintlichen Nachteil zu seinem Vorteil zu nützen. Und das übrigens nicht nur im Schwimmbecken. Weil er nicht nur sportlich, sondern auch sprachlich sehr begabt und interessiert ist, moderiert er im ORF seine eigene Fernsehsendung „Ohne Grenzen“, ein Magazin, das behinderten Sportlern eine Bühne bietet und zeigt, zu welchen unglaublichen Leistungen sie fähig sind. Nicht weil sie als Supertalente geboren sind, sondern weil sie sich keine Grenzen setzen, ihrer Begeisterung folgen, ihre Ziele verfolgen. Alles hat seine zwei Seiten. Viele scheinbare Nachteile auch ihre Vorteile. Viele scheinbare Schwächen auch ihre Stärken.

Gibt es auch in deinem Leben etwas, das dir im Weg steht, wo du vielleicht nur den Blickwinkel ändern musst? So wie Andy durch den Verlust seines Armes seine „Jetzt erst recht“ Mentalität entwickeln konnte. Oder so wie Chris gerade wegen seines österreichischen Akzents seine erste Rolle in Hollywood ergatterte. Oder so wie Ali sich gerade wegen seines Sprechfehlers sehr intensiv mit Sprache beschäftigte und mittlerweile als Topspeaker die größten Bühnen der Welt rockt.

Gleichberechtigung und Integration

Seit ich durch den so wichtigen Verein „Social Friends" Andy Onea, Patrick Bitzinger und auch viele andere Sportler mit Handicaps kennenlernen durfte, hat sich auch meine Sicht auf Menschen mit Behinderung stark verändert. Neben meinem falschen Glaubenssatz, dass behinderte Menschen keine Höchstleistungen vollbringen könnten, habe ich auch meine Berührungsängste ihnen gegenüber auflösen können. Es sind nicht sie, die aufgrund ihrer Handicaps Probleme haben, sondern wir, die sie zu einem machen. Wir sind es, die sie an den Rand der Gesellschaft drängen, weil wir ihnen entweder gar nicht oder zumindest nicht auf Augenhöhe begegnen. Natürlich nicht böswillig und oft auch nicht bewusst, sondern weil wir uns einfach schwer tun, mit ihren Handicaps umzugehen. Das kannst du allerdings nur lernen, wenn du offen bist und auf sie zugehst. Wenn du das tust, wirst du nicht nur sehen, wie normal behinderte Menschen sind, sondern wie viel du außerdem von ihnen lernen kannst.

Dabei ist der Umgang mit Menschen mit Behinderung nur eines von so vielen Beispielen für Ab- und Ausgrenzung in unserer Gesellschaft: Die Jungen nehmen wir nicht ernst, die Kranken sperren wir weg, die Ausländer lassen

wir erst gar nicht rein, den Frauen gewähren wir immer noch nicht die gleichen Rechte, den Flüchtlingen so ziemlich gar keine. Und das, obwohl es doch viel schöner ist, miteinander zu leben, als neben- oder gegeneinander. Und wir voneinander doch so viel lernen und profitieren könnten: Von den Kindern das Unbekümmerte, das im Moment Sein, das grenzenlose Denken und Träumen. Von den Älteren die Erfahrung, ihrer Gelassenheit, ihrer Freude am Zurückgeben. Von den Kranken, was schiefläuft, womöglich auch warum sie überhaupt krank sind und wie wir helfen können. Von den Flüchtlingen neue Kulturen, Sprachen und Sichtweisen. Von ihrem Mut, aufzubrechen, loszulassen und neu anzufangen.
Wann fangen wir endlich an, uns zu benehmen und Anteil zu nehmen? Etwas zu unternehmen ohne uns zu übernehmen? Jeden Menschen ernst zu nehmen und anzunehmen? Anstatt uns rauszunehmen oder sie auszunehmen? Jeder Mensch hat das Recht, als Mensch behandelt zu werden. Jeder Mensch ist individuell und speziell. Jeder Traum zählt.

1. 2. 3. 4. 5.

6. 7. 8. 9. **10.**

Bist du mutig?

Viktoria Schnaderbeck

Fußballprofi

Den ganzen Talk findest du auf www.träum-weiter.at/talks

Es war einmal die kleine Viki.
Obwohl es in unserer Kultur für ein Mädchen eher ungewöhnlich ist, begann sie schon früh, Fußball zu spielen. Erstens weil kleinen Kindern noch sehr egal ist, was andere von ihnen denken und zweitens weil Vikis Familie sie in ihrem Hobby sehr unterstützt hat. Ihre Eltern versteckten den Fußball nicht hinter der Puppenkiste, ganz im Gegenteil war er in der fußballbegeisterten Familie Schnaderbeck ständig präsent. Das Fußballspielen war nicht nur Vikis Lieblingsbeschäftigung, sondern auch die vom Papa, vom Bruder, ihrer Cousine und ihren zwei Cousins. Einer davon heißt übrigens Sebastian Prödl, der einer meiner Kollegen bei unserem U20-WM-Märchen in Kanada war und seither eine großartige internationale Karriere hinlegt.

Viki hatte aber nicht nur richtig Spaß am Fußball, sondern darüber hinaus den großen Traum, Profi zu werden. Und das nicht irgendwo, sondern – wenn, dann gescheit! – am besten beim FC Bayern. Eine Frau, die Fußballprofi werden möchte? Und dann auch noch bei einem der größten Vereine der Welt? Während Viki immer noch egal war, was andere von ihrem Traum hielten, wechselte sie mit 15 Jahren vom kleinen Kirchberg ins größere Graz und stellte dort ihr Potenzial so eindrucksvoll unter Beweis, dass tatsächlich der FC Bayern auf sie aufmerksam wurde. Noch viel früher als gedacht, erhielt sie die Chance, erst mal in die zweite Frauschaft des FCB zu wechseln und damit ihrem Traum einen großen Schritt näher zu kommen. Doch das bedeutete auch, mit nur 16 Jahren ihre Familie und ihre Heimat zurücklassen zu müssen. Eine innere Zerrissenheit entstand: zwischen Traum und Verbundenheit, Risiko und Sicherheit, Zukunft und Vergangenheit.

Letztendlich war ihr Traum aber so stark, dass sie gar nicht anders konnte, als es zu versuchen. Sie übersiedelte nach München. Doch ihr mutiger Schritt wurde erstmal nicht belohnt. Sie verletzte sich gleich am Beginn schwer und das zwei Mal hintereinander. Durch zwei Kreuzbandrisse war sie schließlich zweieinhalb Jahre außer Gefecht. In dieser schwierigen Phase sehnte sie sich nach Sicherheit. Sie vermisste ihr Zuhause, ihr gewohntes Umfeld, die familiäre Unterstützung und Geborgenheit. Doch sie zog nie in Erwägung wieder nach Hause zu gehen. Ihr Traum, eines Tages doch für das erste Team des FC Bayern aufzulaufen, war zu stark. Sie blieb. Und kämpfte weiter.

Außerdem sah sie in den Rückschlägen eine Chance. Besser gesagt sogar zwei: Erstens als Fußballerin an ihren individuellen Stärken und Schwächen arbeiten und stärker zurückkommen zu können und zweitens ihr Abitur zu absolvieren, um sich ab dann wirklich voll und ganz auf den Fußball konzentrieren zu können. Vormittags arbeitete sie an ihrer geistigen, nachmittags an ihrer körperlichen Fitness. Zweieinhalb Jahre später wurde all ihre Mühe und Zielstrebigkeit belohnt. Mit 19 Jahren feierte Viki nicht nur ihr erfolgreiches Abitur, sondern auch ihr Debüt in der deutschen Bundesliga! Ab dann ging es (fast) nur mehr bergauf: DFB-Pokalsieg und zwei Meistertitel mit dem FC Bayern, Zypern-Cup-Sieg und der sensationelle dritte Platz bei der Europameisterschaft mit dem Nationalteam.
Viki ruhte sich auf diesen Erfolgen aber nie aus, blickte immer auch über den Spielfeldrand hinaus und schloss neben ihrer tollen Karriere gleich zwei Weiterbildungen ab. Mit 27 Jahren ist sie nun nicht nur „Österreichs Fußballerin des Jahres“[3], sondern auch noch ausgebildete Kauffrau für

[3] *Für das Jahr 2017 und von den Fans gewählt.*

Marketingkommunikation und Sportmanagerin. Mit all der Dankbarkeit und Demut eines Menschen, der richtig harte Rückschläge hinnehmen musste, aber wusste, diese als Herausforderung anzunehmen und daran zu wachsen. Vikis Karriere ist ein großartiges Beispiel dafür, dass es sich immer lohnt, mutig zu sein, wenn es darum geht, deine Träume zu verfolgen. Auch wenn die Belohnung manchmal richtig lange auf sich warten lassen kann.

Was hindert dich daran, mutig zu sein? Was steht dir im Weg? Wovor hast du Angst? Ist es das Geld? Hast du Existenzängste? Was kann im schlimmsten Fall passieren, wenn du ein Risiko eingehst? Was passiert wirklich, wenn kündigst? Ist dann sofort deine Existenz bedroht? Wirst du deshalb gleich auf der Straße landen? Vor allem in einem Sozialstaat wie Österreich? Ja, du wirst – zumindest kurzfristig – wahrscheinlich auf etwas verzichten, kleinere Semmerl backen, deinen Status aufgeben müssen. Aber ist das wirklich ein Verlust? Oder könnte es sogar ein „Gewinn" sein? Nämlich eine Chance, in dich und deine Träume zu investieren? Versuch' einmal, den Blickwinkel zu ändern. Erst wenn du Freiraum schaffst, eine Tür zumachst, können sich andere öffnen.

Oder hast du Angst vorm Loslassen? Freunde zum Beispiel? Oder deinen Partner? Angst, keinen neuen mehr zu finden? Ja, Abschied tut weh. Aber oft nur, weil ihr euch aneinander gewöhnt habt und du es dir einfach nicht mehr ohne diese Menschen vorstellen kannst. Das vergeht. Lass' einen Menschen los und ein neuer wird in dein Leben treten. Mir hat in dieser Situation geholfen, mich in die Zukunft zu denken. Egal wie sehr ein Abschied in dem Moment schmerzt, er wird sich auflösen. Stell' dir vor, wie du in einem Jahr einen neuen Partner an deiner Seite hast und mit ihm glücklich bist. Alles wird gut.

Paul Scharner

Fußballprofi

Den ganzen Talk findest du auf www.träum-weiter.at/talks

Fehler

Oder vorm Scheitern? Wir leben leider in einer Gesellschaft, in der es verpönt ist, „Fehler“ zu machen, in der sie mit dem Finger auf dich zeigen, wenn du dich scheiden lässt oder sie dich auslachen, wenn du mit deiner Firma in Konkurs gehst. Doch lass’ die Menschen ruhig lachen. Das ist gesund. Aber lass es nicht an dich heran. Jeder Fehler ist wichtig für deine Entwicklung und bringt dich einen Schritt näher zu deinem Traum.
Gehen hast du ja auch gelernt, obwohl du ständig auf die Schnauze (oder die Windel) gefallen bist. Reden hast du auch gelernt, obwohl du dabei ständig Fehler gemacht hast. Als Baby war dir noch völlig egal, was die anderen von dir dachten. Heute willst du eine Fremdsprache lernen und traust dich aber nicht zu sprechen, aus Angst, vielleicht ein Wort nicht zu kennen, die falsche Zeit zu verwenden oder einen Fall zu verwechseln.

Der ehemalige Premiere-League-Spieler und FA-Cup-Sieger Paul Scharner verrät uns in unserem TräumWeiterTALK, dass er sich in einer bestimmten Phase seiner Karriere sogar gezwungen hatte, Fehler zu machen. Er nahm sich vor, in den ersten 15 Minuten des Spiels zumindest drei Ballverluste zu fabrizieren. Hatte er das nicht erreicht, hatte er wohl zu wenig riskiert. Oder es ging ihm auf und er sorgte dadurch für drei besondere Aktionen. Paul gehörte wohl nicht zu den talentiertesten Fußballern Österreichs, aber definitv zu den erfolgreichsten. Seine großen Stärken sind sein Wille, sein Mut zum Risiko und seine Einstellung, sich nicht von äußeren Faktoren ablenken zu lassen.

Ich hatte auch lange in meinem Leben Angst vorm Scheitern, wollte es immer allen recht machen. 25 Jahre meines Lebens habe ich versucht, als Perfektionist zu funktionieren. Bis ich draufgekommen bin, dass erstens sowieso nie etwas „perfekt" sein kann und zweitens, je mehr Fehler ich begehe, desto schneller und effektiver lerne ich. Im Zuge meines „TED-Talks" zum Beispiel: 2014 veranstalteten Hermann und Katzi von der „DreamAcademia" die TEDx Pannonia. TED ist die Abkürzung für „Technology, Entertainment und Design" und das Format für eineInnovations-Konferenz, bei der „Ideas worth spreading" in Form von Vorträgen in die Welt hinausgetragen werden. Das „x" steht für die Events, die von TED-unabhängigen Organisationen veranstaltet werden können, allerdings im Sinne, Rahmen und Erscheinungsbild von TED.

Auf einer TEDx zu sprechen war für mich als leidenschaftlichen Vortragsredner einer meiner kühnsten Träume. Erst wenige Monate zuvor entdeckte ich die große weite Welt der TED-Talks, von denen mich unzählige unheimlich inspiriert haben. Wie cool wäre es, selbst einmal auf so einem Event sprechen zu dürfen! Im Sommer 2014 erhielt ich von Hermann und Katzi das Angebot, das zu tun. Bei der ersten TEDx auf einem Boot! 25 Jahre nach dem Fall des „Eisernen Vorhangs" widmeten sie diese Konferenz dem Thema „Dissolving Borders". Und um nicht nur darüber zu reden, sondern auch Taten sprechen zu lassen, durchquerten wir mit dem Boot symbolisch die Grenze des Eisernen Vorhangs im Neusiedler See. Was für ein Event!
Spontan wie die beiden sind, organisierten sie den Event innerhalb von nur einem Monat. Dementsprechend spät erfuhr ich von der genialen Chance, dort

auftreten zu dürfen. Es gab nur einen Haken: Die Plattform ist international und die Talks sollten dementsprechend in Englisch gehalten werden. Ich hatte aber noch nie in meinem Leben auf Englisch vorgetragen. Dementsprechend groß war meine Angst und spürte ich eine innere Zerrissenheit: Einerseits war da mein großer Traum, auf einer TEDx sprechen zu dürfen, andererseits meine großen Zweifel, einen guten englischen Talk innerhalb von nur drei Wochen hinzaubern zu können. Hätte mich unabhängig von dem Event jemand gefragt, hätte ich mich wohl Monate darauf vorbereiten wollen. Doch das spielte es nun nicht. Die Frage lautete: Mut oder Angst? Jetzt oder nie? Friss oder stirb?

Begehe so viele Fehler wie möglich, aber möglichst keinen zwei Mal.

Guru Osho

Natürlich wählte ich die Risikovariante. Was hatte ich schon zu verlieren, außer mich zu blamieren? Im schlimmsten Fall müsste ich den Vortrag abbrechen. Ja, das wäre peinlich. Aber ein bisserl wurscht wäre es auch. Drei Wochen lang arbeitete ich intensiv und konsequent auf den Vortrag hin, verbesserte mein

Englisch und bekam cooles Speaker-Coaching von TED-Ambassador Niki Ernst. Und schließlich war am 8.8.2014, dieser Tag wird mir noch lange in Erinnerung bleiben, ein Fall eingetreten, der weit weg war von einem Worst-Case-Szenario: Ich betrat die Bühne, spürte am Beginn noch das Lampenfieber, doch legte dann einen Talk hin, von dem ich drei Wochen zuvor nur hätte träumen können. Mazda, der Hauptsponsor des Events, wählte meinen Talk sogar zum besten des Events. Ich selbst finde ihn – vor allem unter den gegebenen Umständen – auch recht gelungen, doch heute, vier Jahre später, sehe ich, dass ich da einige Fehler gemacht habe und der Vortrag noch viel besser sein kann. Doch genau so soll es auch sein. Es ist schön zu sehen, dass ich mich wieder weiterentwickelt habe. Wichtig war, diese Herausforderung anzunehmen und das Beste daraus zu machen. Heute zählt dieses Erlebnis – so wie zum Beispiel auch unser vierter Platz bei der U20-WM – nach wie vor zu den prägendsten in meinem Leben. Weil es mir so eindrucksvoll gezeigt hat, was alles möglich ist, wenn du dich traust, mutig bist, ja sagst.

Mut heißt nicht, keine Angst zu haben. Mut heißt, trotz der Angst ins Unbekannte zu gehen. Das englische Wort „courage", mit seiner Wurzel „cor" (=Herz) erklärt seine eigentliche Bedeutung: Deinem Herzen zu folgen.

Es gibt Niederlagen, die können der größte Triumph sein, weil du daraus am meisten lernst. Und es gibt Erfolge, die katastrophal sind, weil sie Stillstand bedeuten.

Künstler André Heller

Ich kenne keine Fehler. Nur Überraschungen. Etwas, das nicht so lief, wie ich es mir vorgestellt habe.

Musiker Ed Sagmeister

1. 2. 3. 4. 5.

6. 7. 8. 9. 10.

11.

Nimmst du dir Auszeiten?

Patricia Ricci

Erlebens-Trainerin

Den ganzen Talk findest du auf www.träum-weiter.at/talks

Es war einmal die Wissenschaftlerin Dr. Patricia Ricci.
Patricia studierte Wirkstoffchemie und promovierte im Fachbereich der medizinischen Wissenschaften. Nach ihrem Studium arbeitete sie sieben Jahre lang in der Wirtschaft und in der akademischen Forschung. So richtig erfüllte sie ihre Arbeit aber nie. Deshalb machte sie schon während des Studiums und später während der Arbeit nebenbei diverse Ausbildungen in den Bereichen Yoga, Coaching, Kräuter- und Naturheilkunde. Weil ihr die Arbeit im Laufe der Jahre immer weniger Freude bereitete, reduzierte sie erst auf eine 4-Tages-Arbeitswoche. Doch der eine, neu gewonnene freie Tage reichte einfach nicht, um ihrer unstillbaren Neugier gerecht zu werden. Nach dem Motto „Wenn dann g'scheit!“, kündigte sie schließlich ihren sicheren, sehr gut bezahlten Job, denn es gab so viele Fragen und spannende Themen, denen sie in und mit ihrer Arbeit nachgehen wollte, wie zum Beispiel:

- Was hält gesund und macht wirklich glücklich?
- Wie kann man gesünder, nachhaltiger und freudvoller leben?
- Was ist der Sinn des Lebens?

Und so wagte sie sich in die Selbstständigkeit und eröffnete die „Villa Natura“, ein kleines Häuschen mit großem Garten in Klosterneuburg, einem Ort, an dem Menschen sich eine Auszeit nehmen können, um sich wieder zu erinnern: An ihre Lebenslust, an die Nachhaltigkeit, an ihre Verbindung zur Natur. Daran wie Wildkräuter schmecken, wie gemähte Wiesen duften, welche Farben der Sonnenuntergang zaubert, wie Feuer wärmt und wie Holzkohle schreibt.

Im Zuge ihrer Arbeit in der Villa Natura stellte sie immer mehr fest: Die Antworten auf die essentiellen Fragen des Lebens findet jeder in sich selbst. Man muss die Menschen nur erinnern bzw. manchmal ein Stückchen begleiten. Das Wichtigste ist, dir immer wieder Freiraum zu schaffen und möglichst viel Zeit für dich selber zu haben. Wir sind so oft im Tun gefangen, glauben ständig produktiv sein zu müssen, plagen uns mit schlechtem Gewissen, wenn wir mal „nichts" tun. Dabei ist genau das so wichtig: Einfach zu sein.

Zu diesem Thema hatte ich erst kürzlich ein sehr prägendes Gespräch mit dem „Fußball-Philosophen" Alfred Tatar. Im Zuge unserer Arbeit als Fußballexperten (er analysiert für „Sky") kreuzten sich unsere Wege im Stadion. Ich schätze ihn und seine Kommentare sehr und so suchte ich das Gespräch:

Ich: „Was machst du eigentlich, wenn du gerade nicht als Experte im Einsatz bist?"

Alfred: „Nichts."

Ich: „Was?"

Er: „Nichts."

Ich, verdutzt: „Was heißt nichts? Was tust du, wenn du nichts tust?"
Er: „Schauen. Zuhören. Nachdenken. Wir glauben immer, etwas zu versäumen, wenn wir mal scheinbar nichts tun. Doch das stimmt nicht. Du tust nur von außen betrachtet nichts. Innen drin laufen dabei ganz viele Prozesse ab, die dir helfen, zu verarbeiten und zu verstehen. Deshalb ist es ganz wichtig, dich immer wieder zurückzunehmen, zurückzulehnen, deinem

Körper, deinem Geist und deiner Seele eine Auszeit zu gönnen. Je mehr du das tust, desto bewusster und selbstbestimmter lebst du."

So sehr mich sein „Nichts“ am Anfang verwirrte, so sehr verstand ich im Laufe der Zeit, was Alfred damit meint und versuche es seither auch in mein Leben zu integrieren. Ich war in den letzten Jahren auch ein Getriebener. Ich hetzte oft von Traum zu Traum, von einem Ort zum anderen, von einem To-Do zum nächsten. Ohne dazwischen einmal tief durchzuatmen, runterzufahren und meine Seele baumeln zu lassen.
Oder auch zu feiern. Ich durfte so viele großartige Erfolge in den letzten Jahren erleben. Doch statt mal inne zu halten und diese gebührend zu zelebrieren, war ich im Kopf schon wieder beim nächsten. Man muss die Feste feiern, wie sie fallen.
Überhaupt darf der Spaß nie zu kurz kommen. Ich habe in den letzten Jahren beobachtet, dass viele Menschen (inklusive mir selbst) ihre Träume und Herzensprojekte zu ernst und zu verbissen angehen. Klar: Du willst etwas bewegen, etwas schaffen, etwas hinterlassen. Und je größer dein Traum, desto größer seine Bedeutung und deine Angst vorm Scheitern. Aber du kannst sowieso nichts erzwingen. Am Ende des Tages geht es doch vor allem darum, eine gute Zeit zu verbringen, Spaß zu haben, das Leben anzulachen.

Wann hast du das letzte Mal dein Leben so richtig gefeiert? Oder dir erlaubt, mal „nichts“ zu tun? Wie viele deiner nächsten Wochenenden sind bereits verplant? Plagt dich eine innere Unruhe, wenn du mal nichts vorhast? Oder ein schlechtes Gewissen, wenn du jemandem absagst, weil du stattdessen lieber Zeit zum Durchschnaufen hättest? Check' mal deinen Kalender nach Freiräumen. Womit pflasterst du deine wertvolle Zeit zu? Musst du wirklich alles, Wochen und Monate, im Vorhinein planen oder wäre es nicht viel schöner, öfter auch spontan entscheiden zu können?

Wir reden uns oft ein, etwas unbedingt tun zu müssen und das am besten jetzt sofort. Doch frag' dich mal, was passiert, wenn du es aufschiebst oder vielleicht auch gar nicht machst. Musst du wirklich immer erreichbar sein oder kannst du das Handy nicht auch einmal ausschalten? Musst du wirklich jede E-Mail in der Stunde oder jede WhatsApp-Nachricht in der Minute beantworten oder reicht es, wenn du das einmal pro Tag machst und so nicht ständig abgelenkt bist? Denn auch wenn es nur eine kurze Nachricht ist, beschäftigt sie dich zumindest unbewusst oft länger als es dir lieb ist.

Reflexion

Auszeiten eignen sich wunderbar, um zu reflektieren, ganz bewusst zurückzublicken. Doch erstens nehmen sich die meisten von uns dafür viel zu wenig Zeit. Und wenn, dann schauen wir zweitens oft viel zu kurzfristig zurück und haben dabei das Gefühl, dass nichts weitergegangen ist. Du hast das Gefühl, dass du gerade feststeckst und dich nicht weiterentwickelst? Dann hör' auf zu überlegen, was letzte Woche oder letzten Monat passiert ist und reflektiere stattdessen in größeren Zeiträumen. Wo warst du vor einem, vor drei oder fünf Jahren? Was hast du seither alles geleistet und erreicht?

Eine Vision zu haben ist wichtig, einen groben Plan für die nächsten Wochen und Monate meistens auch, aber zu langfristig und zu sehr im Detail zu planen ist reine Energieverschwendung, blockiert dich nur und macht dich unflexibel. Deinen Traum in zu viele konkrete und langfristige Ziele und To-Dos herunterzubrechen, hält dich davon ab, einfach zu sein und spontan das tun zu können, wonach dir gerade ist. Wie sollst du heute schon wissen, worauf du übernächstes Wochenende Lust hast? Oder wo du in einem halben Jahr auf Urlaub hinfahren möchtest? Oder was du in zwei Jahren arbeiten möchtest? Vielleicht hat sich dein Leben bis dahin total verändert? Wer weiß, ob du dann überhaupt noch lebst?

Viele Menschen sind Profis im Verdrängen. Die Träume werden sich dann irgendwann in der Pension erfüllen. Eine Weltreise zum Beispiel. Doch wie kannst du heute wissen, ob du in 10, 20, 30 Jahren überhaupt noch die Welt bereisen willst? Ob du noch fit genug dafür bist? Ob es dann so etwas wie eine bezahlte Pension überhaupt noch gibt? Abgesehen davon: Je früher du die Welt bereist, desto früher kannst du diese wertvollen Erfahrungen in dein Leben integrieren. Deshalb hör' auf, deine Träume aufzuschieben. Sonst kriegst du in deiner Pension einen ordentlichen Stress. Verfolge deinen Traum, wenn er gerade präsent ist, nütze die Energie des Moments.

Die Australierin Bronnie Ware arbeitete acht Jahre lang als Palliativpflegerin und begleitete dabei Menschen am Sterbebett bis zu ihrem Tod. Basierend auf unzähligen Gesprächen mit den Sterbenden schrieb sie ein berührendes Buch mit dem Titel „5 Dinge, die Sterbende am meisten bereuen".

Viele von ihnen haben bereut, nicht den Mut gehabt zu haben, ihr eigenes Leben zu leben, nicht ihre Träume verfolgt zu haben, nicht genug Zeit mit ihren Liebsten verbracht zu haben. Stattdessen haben sie ihre wertvolle Zeit mit zu viel Arbeit oder irgendwelchen unwesentlichen Tätigkeiten verschwendet. Am Ende deines Lebens wird dir wahrscheinlich nicht in Erinnerung bleiben, wie perfekt deine Hemden gebügelt waren oder wie sauber deine Wohnung geputzt war. Es werden wohl eher die besonderen Momente mit deinen Liebsten sein, deine Träume, deine Abenteuer.

Die beiden wichtigsten Tage deines Lebens sind der Tag, an dem du geboren wurdest, und der Tag, an dem du herausfindest, warum.

Mark Twain

1.	2.	3.	4.	5.
6.	7.	8.	9.	10.
11.	12.			

Folgst du deiner Intuition?

Matthias Hombauer

Rockstar-Photographer

Den ganzen Talk findest du auf www.träum-weiter.at/talks

Es war einmal der Molekularbiologe Matthias Hombauer.
Matthias erkämpfte sich ein sehr prestigeträchtiges Stipendium, widmete sich der Forschung im AKH Wien und verdiente schon gutes Geld damit. Bis er eines Tages wieder einmal in die Arbeit radelte und plötzlich eine Stimme hörte: „Warum wirst du nicht Konzertfotograf?“

Du musst nicht immer deine Träume erreichen. Deine Träume können auch dich erreichen.

Randy Pausch

Er wusste nicht so recht, woher die Stimme kam. Kein Mensch weit und breit. Keine Sprachnachricht auf seinem iPhone, Siri war es auch nicht. Er wusste ja nicht einmal, ob es diesen Job überhaupt gibt. Was er aber schon wusste, war, dass er als Konzertfotograf genau die beiden Dinge vereinen würde können, die ihn am meisten begeistern. Matthias ist Musiker und liebt es, Konzerte zu besuchen. Und das Fotografieren begeistert ihn auch. Weil ihn die Forschung manchmal ziemlich frustrierte, weil du oft monate- oder gar jahrelang nicht abschätzen kannst, ob dabei je etwas herauskommen wird, begann er einfach, neben seiner Arbeit vermehrt mit seiner Kamera zu experimentieren. So wie viele begann er erst einmal, Blumen, Häuser und Landschaften zu fotografieren, relativ früh aber dann auch schon kleinere Konzerte. Zwei Jahre lang pilgerte er im Schnitt drei Mal pro Woche vom AKH direkt zu einem Event. In dieser Zeit wurde nicht nur seine Leidenschaft für die Fotografie immer größer, sondern auch seine Fähigkeiten immer besser. Und das ohne irgendeine Ausbildung, alles per „Trial and Error“ selbst gelernt. Nach zwei sehr intensiven, auch belastenden Jahren entschied er schließlich, sich voll und ganz auf die Fotografie zu konzentrieren. Seine Doktorarbeit schloss Matthias noch ab, im gleichen Atemzug kündigte er aber im AKH und meldete sein Gewerbe an.

Doch seine Selbstständigkeit war vor allem am Beginn nicht einfach. Ab sofort ging nicht mehr monatlich immer das gleiche, sehr gute Gehalt des AKH auf seinem Konto ein, stattdessen musste er sich jede einzelne Honorarnote hart erkämpfen. Manchmal war das Geld so knapp, dass er nicht mehr wusste, wie er die nächste Miete bezahlen sollte. Und als wäre das nicht schon Herausforderung genug, erwartete er gemeinsam mit seiner Verlobten Lin ein Baby. In dieser Zeit dachte er viel darüber nach, wieder in einen sicheren Job zurückzugehen. Doch seine Passion für die Konzertfotografie war so groß, dass er diesen Weg weitergehen wollte. Interessanterweise trudelte immer spätestens dann ein Auftrag ein, als er kurz vor der Zahlungsunfähigkeit stand. Als wollte ihn das Universum für seinen Mut belohnen und ihm sagen:
„Du bist am richtigen Weg. Mach’ weiter so.“

Parallel zu seinen Auftritten begann der Papa in spe sein Online-Business „Howtobecomearockstarphotographer“ aufzubauen. Mit dem Ziel, seine wichtigsten Erkenntnisse und Erfahrungen mit anderen passionierten Fotografen auf der ganzen Welt teilen zu können. Und dem Traum, durch ein ortsunabhängiges Einkommen möglichst viel daheim sein und somit Zeit mit seiner mittlerweile geborenen Tochter Mia verbringen zu können.

Intellekt vs. Intuition

Unser System ist ganz stark auf dem Intellekt, dem Verstand aufgebaut und macht es uns schwer, unserer Intuition zu folgen. Es beginnt spätestens in der Schule, in der wir uns Wissen aneignen und ständig alles erklären müssen. Und das am besten noch genau in den Worten, in denen es uns der Lehrer vorgeplappert hat. Je besser wir etwas auswendig lernen, wir das, was wir vom Lehrer gehört oder in einem Buch gelesen haben, wiedergeben, desto größer ist die Belohnung – desto besser die Note.All dies sind allerdings nicht nur Antworten aus der Vergangenheit, die dir in dieser schnelllebigen Zeit für deine Zukunft kaum mehr weiterhelfen, sondern vor allem auch Antworten von außen. Nie deine eigenen.

Dabei hast du vielleicht auch schon einmal erlebt, dass du besonders schwierige Entscheidungen immer dann am besten triffst, wenn es dir gelingt, deinem Bauch, deinem Herz, deinem Gefühl zu vertrauen. Immer dann, und leider auch oft erst dann, wenn du mit deinem Verstand verzweifelst, gewisse Dinge einfach nicht (mehr) erklären kannst und nicht mehr weiter weißt, dann springt die Intuition ein und liefert dir ganz plötzlich die richtige Antwort.

Wann immer du nicht mehr weiter weißt, höre auf, nachzudenken. Erlaube deinem inneren Führer, dich zu leiten.

Osho

Der lange Weg zu „Träume verändern"

Dafür gibt es viele wunderbare Beispiele. Ich kann dir eines aus meinem Leben erzählen. Bei der Arbeit an meinem ersten Buch war ich noch ein recht ungeduldiger Mensch. Noch bevor ich überhaupt einen Titel für mein Buch hatte, es geschweige denn fertig designt oder gedruckt war, fixierte ich schon einen Termin für die Buchpräsentation nur vier Wochen später. Denn ich erhielt die große Chance, es in der Pause des ORF-Live-Spiels SV Ried gegen Rapid Wien zu bewerben. (Übrigens in einem Interview mit Moderator Rainer Pariasek, nicht ahnend, dass er drei Jahre später mein Kollege werden und ich noch einiges mit ihm erleben würde.) Plötzlich wurde es ziemlich stressig. Ich hatte zwar bereits ein paar ganz gute Titel parat, doch für ein Buch, vor allem für mein erstes Buch, reichte es mir nicht, einen ganz guten zu haben. Er musste „perfekt" sein.

Es musste ein Titel sein, der nicht nur gut klingt, sondern auch noch gut aussieht. Einer, den du dir immer wieder vorsagst und der dabei immer besser wird. Einer, der dir das Gefühl gibt, einen Volltreffer gelandet zu haben.
Und so begann ich, meinen vollen Fokus auf die Suche nach dem Titel zu legen. Ab sofort dachte ich jeden Tag intensiv darüber nach, sammelte dutzende passende Wörter und Phrasen auf einem riesigen weißen Plakat, brainstormte mit meinen Freunden, befragte andere Autoren und Künstler. Eine Woche später hatte ich anstatt drei dann 17 „ganz gute" Titel, aber noch immer nicht den einen. Ich verzweifelte. Denn ich musste bis zum nächsten Morgen einen Titel finden: Ohne Titel kein Cover. Ohne Cover kein fertiges Buch, das in den Druck gehen kann. Und ohne gedrucktes Buch in meinen Händen nichts, das ich im TV-Interview den hunderttausenden Zuschauern vorm Fernseher hätte präsentieren können.

Nach vier weiteren Stunden des Brainstormings und Grübelns gab ich schließlich um zwei Uhr nachts auf. Ich wollte partout keinen Titel wählen, der sich nicht stimmig anfühlte. Der „perfekte" Titel war mir wichtiger als die Präsentation. Ich ging ins Bett. Mit dem Hintergedanken, am nächsten Tag die Buchpräsentation absagen und mir damit diese riesige Chance entgehen lassen zu müssen. Ich legte mich hin und versuchte noch einmal verzweifelt, doch noch einen Titel zu finden. Doch keine Chance. Schließlich akzeptierte ich, dass es einfach nicht sein sollte und begann, all die Gedanken loszulassen, um einschlafen zu können. Ich weiß nicht, ob du das Gefühl kennst, wenn du kurz davor bist, einzuschlafen, wenn du genau weißt, dass dir jetzt gleich, wahrscheinlich in den nächsten Sekunden, die Augen zufallen werden und du dich ins Land der Träume verabschieden wirst. So ähnlich wie wenn die Anästhesistin kurz vor der Einspritzung der Narkose von fünf runterzählt und du weißt: Gleich bist du weg.

Genau in diesem magischen Moment passierte es! Plötzlich war er da, mein „perfekter“ Titel. Wie ein Blitz schlug er ein: „Träume verändern!“. Ich sprang aus dem Bett, fing an zu tanzen, schrieb ihn auf und legte den Zettel auf meinen Schreibtisch. Es war einer der besten Momente meines Lebens. Nicht nur, weil ich den Titel meines ersten Buches hatte, sondern weil es sich unbeschreiblich gut anfühlt, wenn du diese Kraft der Intuition spürst. Dieses Gefühl, in dem du nicht nur voll und ganz bei dir, sondern mit etwas Höherem verbunden bist. Am nächsten Morgen wachte ich auf und stand sofort auf, um gleich noch einmal einen Blick auf den Zettel mit dem Titel zu werfen. Ich musste nichts mehr erklären. Ich spürte, dass es ein Volltreffer war.

Von Albert Einstein über Dmitri Mendeleev bis Gerald Hüther

Viele der erfolgreichsten Menschen dieser Welt haben auf ihre Intuition vertraut. Albert Einstein zum Beispiel. Er lag oft stundenlang in der Badewanne und spielte mit Seifenblasen. Warum? Weil er sich so am besten entspannen konnte und ihm dabei die besten Ideen kamen. Weil genau diese Ent-spannung eine wesentliche Voraussetzung ist, Intuition zuzulassen. Oder auch der russische Chemiker Dmitri Mendeleev. Er suchte lange und vergeblich nach der Ordnung des Periodensystems. Irgendwann sah er sie in seinem Traum und schrieb sie am nächsten Morgen einfach nieder.

Auch der deutsche Neurobiologe Gerald Hüther ist davon überzeugt, dass unser Gehirn Freiraum braucht, sich unsere Synapsen oft gerade dann verbinden, wenn wir loslassen und scheinbar „nichts" tun. So wie unsere Muskeln nicht während des Trainings wachsen, sondern in der Regenerationsphase danach, in der sich die durch das Training „zerstörten" Muskelzellen wieder aufbauen und darüber hinaus ausbauen.

So fern und magisch dir diese intuitiven Eingebungen vielleicht scheinen, so normal werden sie, wenn du erst einmal herausgefunden hast, wie wir Menschen funktionieren.
Die Intuition ist die höchste Stufe auf der Bewusstseinsleiter, eine Sprosse über dem Intellekt und noch eine über dem Instinkt. Die Intuition ist das Zentrum des Überbewusstseins, der Intellekt das Zentrum des Bewusstseins und der Instinkt das Zentrum des Unbewussten. Das Unbewusste entspricht dem Tier. Mit dem Bewusstsein hörst du auf, ein Tier zu sein. Durch das Überbewusste wirst du zum Menschen. Dabei handelt es sich um das Unerklärliche, die Lichtenergie, den göttliche Aspekt in uns.

Das bedeutet allerdings weniger, dass du deinen Intellekt ausschalten sollst, noch dass du dich ausschließlich von ihm leiten lässt,, sondern ihn eher als Werkzeug nützt. Als Herr deines Bewusstseins ist der Verstand ein gefährlicher Meister. Als Sklave deines Bewusstseins hingegen ein wunderbarer Diener. Dann kannst du ihn lenken und ihn für die richtigen Ziele einsetzen. Die wichtigsten Voraussetzungen, um deiner Intuition folgen zu können, sind Freiraum, Einsamkeit und Aufmerksamkeit. Immer dann, wenn du ganz bei dir bist und dich von keinen äußeren Reizen ablenken lässt, erhöhst du die Chance, dich mit deiner Intuition zu verbinden. Am effektivsten ist dabei die Meditation. Es ist, wie wenn du beim Meditieren an die Tür der Intuition anklopfst.

Abgesehen davon kommst du ihr näher, wenn du aufmerksam und bewusst durchs Leben gehst, vor allem in einer Zeit, in der alles so schnell an dir vorbeirast und du versucht bist, von einem To-Do zum nächsten zu hetzen. Entdecke deine ganz persönlichen Augenblicke, in denen du im Moment sein kannst: Beim Wandern, beim Spazieren, beim Anblick eines Sonnenuntergangs oder wobei auch immer.

Wirst du immer erfolgreich sein, wenn du deiner Intuition folgst? Nein. Aber du wirst immer glücklich sein. Egal, ob du Erfolg hast oder nicht. Das Glück liegt nämlich in dir. Erfolg im Gegenzug dazu hängt immer von äußeren Faktoren ab. Faktoren, die du nicht beeinflussen kannst.

Erfolg ist nur die Befriedigung deines Egos.
Glück ist die Folge deiner Intuition.

1.	2.	3.	4.	5.
6.	7.	8.	9.	10.
11.	12.	13.		

Teilst du?

Izzy Paskowitz

Surflegende

Den ganzen Talk findest du auf www.träum-weiter.at/talks

Es war einmal der kleine Izzy.
Izzy wuchs als eines von 9 Geschwistern in der berühmten Familie Paskowitz auf. (Vielleicht kennst du sie aus der Dokumentation „Surfwise".) Ihr Vater Dorian gab nach zehn Jahren seinen Job als Arzt auf, um sich seinen Traum zu erfüllen, Surfprofi zu werden. Er tauschte seine Praxis gegen das Meer. Sein neuer Arbeitsplatz waren die Wellen. Die Heimat der Familie der Strand. Obwohl – oder gerade weil – er selber an der prestigeträchtigen „Stanford Medical School" promovierte, wollte er seinen Kindern das festgefahrene Schulsystem ersparen.

School is knowledge, life is wisdom.

Er war davon überzeugt, dass man im „wirklichen Leben" viel natürlicher und effektiver lernt als in der Schule.

Und so wuchs Izzy mit einer Schwester und sieben Brüdern an den besten Surfspots der Welt, hauptsächlich in Kalifornien und Hawaii, auf. Mit dem Traum, es dem Papa nachzumachen und auch einmal Surfprofi zu werden. Ihr Zuhause war nicht – wie man es bei einer elfköpfigen Familie erwarten würde – ein riesiges Anwesen. Ja nicht einmal ein kleines Haus oder eine Wohnung. Es war ein Campervan. Einer, der eigentlich nur für vier Personen

ausgelegt war. Dementsprechend eng war seine Beziehung zu seiner Familie. Wirklich beengt fühlte er sich aber nie. Mit der Ausnahme, wenn seine Eltern das machten, was man normalerweise nicht neben seinen Kindern macht. Denn sie verbrachten ohnehin nur die Nächte in ihrem fahrbaren Zuhause. Ansonsten waren sie draußen in der Natur, am Strand oder eben auf den Wellen.
So kam, was kommen musste, wenn du deiner Begeisterung folgst und viel Zeit dafür investierst: Izzy machte seine größte Leidenschaft zu seinem Beruf. Er wurde von vielen Firmen gesponsert, bereiste die ganze Welt und gewann einen Contest nach dem anderen. Einer seiner größten Erfolge war der Sieg beim „Co Classic" im Surf-Mekka Australien. Er heiratete seine Frau Danielle und sie bekamen früh ihre erste Tochter Ella. Ihr Leben war ein einziger Traum.

„Surfers Healing"

Bis ihr zweites Kind, Sohn Isaiah, das Licht der Welt erblickte. Als Autist. Mit einem Schlag änderte sich alles. Ihr Familienglück schien erst einmal zerstört. Sie wussten nichts über Autismus, hatten keine Ahnung, wie sie mit Isaiah umgehen sollten. Gemeinsam mit seiner Frau musste er von einem Tag auf den anderen sein ganzes Leben nach dem Neugeborenen ausrichten und seine Surferkarriere hinten anstellen. So sehr er seinen Sohn liebt, so sehr haderte er am Beginn mit dieser einschneidenden Veränderung in seinem Leben. Er hatte so hart dafür gearbeitet, Surfprofi werden zu können. Nun war sein Traum geplatzt.

Er surfte zwar weiter, aber viel weniger, nur mehr als Hobby. Irgendwann kam er auf die Idee, Isaiah mit ins Meer zu nehmen und ihm zu zeigen, wie das Surfen funktioniert. Ein Moment, der alles verändern sollte. Denn Isaiah reagierte ganz wunderbar auf die Kraft des Wassers. Es hatte eine sehr beruhigende Wirkung auf sein sonst so hektisches Gemüt. Es war wie eine Therapie. Und so begann Izzy, Isaiah nicht nur mit ins Wasser zu nehmen, sondern ihn auch mit auf das Surfboard zu stellen. Sie lernten, gemeinsam auf einem Board die Wellen zu reiten, was nun bei Isaiah nicht mehr nur heilend wirkte, sondern ihm zusätzlich noch richtig Spaß machte. Nachdem Isaiah das Surfen so gut tat, boten sie nach und nach auch anderen Eltern mit autistischen Kindern an, diese mit auf die Wellen zu nehmen. Fast alle reagierten ähnlich positiv.

Und so gründete Izzy im Jahr 1996 „Surfers Healing", eine Surfschule für autistische Menschen. Bis 2018 haben sie bereits über 100 000 (!) Autisten kostenlos (!) das Surfen gelehrt, darüber hinaus Millionen von Menschen durch ihre Arbeit inspiriert und berührt. Und dies ist wichtiger denn je: Als Isaiah vor 26 Jahren geboren wurde, war im Schnitt nur einer von 10 000 Menschen Autist, heute ist es laut Studie der „Autism Spectrum Disorder" bereits einer von nur 68! Isaiah hat das Leben von Izzy komplett auf den Kopf gestellt. Früher war es für ihn das größte, seine persönliche Karriere voranzutreiben, Trophäen zu sammeln, immer mehr Preis- und Sponsorgeld zu verdienen. Heute gibt es für ihn nichts Schöneres, als seine Erfahrungen und Fähigkeiten an seinen Sohn und andere autistische Menschen weiterzugeben. So schmerzhaft die Nachricht damals war, ein autistisches Kind zu erwarten, so sehr versteht er heute den Sinn des Ganzen: Sein Traum ist nicht geplatzt.

Er hat sich nur verändert. Und fühlt sich sogar noch intensiver an als früher. Seine Arbeit erfüllt ihn so richtig. Es ist oft ein trauriger Grund, warum Familien mit Autisten zusammenkommen. „Surfers Healing" schaffte es, dieses Muster aufzubrechen: Hier geht es um die Natur, die Freude und die Verbundenheit. Hier wird nicht – wie früher bei Izzys Surf Competitions – gegeneinander gesurft, sondern miteinander.

Ich bin fest davon überzeugt, dass wir auf dieser Welt sind, um miteinander statt gegeneinander zu leben, um unser Glück zu teilen, anstatt es nur für uns selbst zu beanspruchen, um unser Wissen und unsere Fähigkeiten weiterzugeben, um anderen das Leben zu erleichtern.
Vor allem wir in Österreich sind meiner Meinung nach nicht nur dazu aufgefordert, sondern dazu verpflichtet, unser Glück zu teilen. Niemand sucht sich aus, wo er oder sie geboren wird, ob als Mann oder Frau, ob mit oder ohne Handicap, mit welche Hautfabe, in welche Religion oder Klasse er oder sie hineingeboren wird. All diese Faktoren sind reiner Zufall. Wir (gesunden) Österreicher hatten einfach unglaubliches Glück, auf diesem Stückerl Paradies geboren zu werden. Doch viele von uns schätzen es nicht. Ich ehrlich gesagt auch erst, seit ich begonnen habe, die Welt zu entdecken. Wenn du erst einmal unsere Insel der Seligen verlässt, erfährst du, dass es alles andere als normal ist, dass du überall einfach so einreisen kannst, du klares Wasser von der Leitung trinken kannst, du kostenlosen Zugang zu Medizin und Bildung hast bzw. – durch das Selbsterhalterstipendium – sogar dafür bezahlt wirst, studieren zu gehen, du fünf Wochen gesetzlichen Urlaub hast und sogar Geld bekommst, wenn du arbeitslos bist.

Gemeinsam träumen

All diese Gegebenheiten sind die perfekten Voraussetzungen, um zu träumen, gemeinsam zu träumen. Ich selbst war, ähnlich wie Izzy, sehr lange in meinem Leben eine eigene Marke und darauf bedacht, diese zu stärken und zu verkaufen. Als Spieler gehörte ich zwar einer Mannschaft an, aber trotzdem musste ich mir meinen Platz im Team erkämpfen und diesen behaupten. Vor allem in der Zeit meiner Rehas nach meinen schweren Verletzungen spürte ich ganz stark, wie sehr man in diesem Business zu einer Nummer mutierst. (Du trägst sie nicht nur am Rücken.) Bist du verletzt oder hast du versagt, wartet schon der nächste auf seine heißersehnte Chance. 25 Spieler in einem Kader fighten um die elf begehrten Plätze am Feld, im Rampenlicht, auf der siegprämierten Pay-Roll. Den Mythos der elf Freunde habe ich nie wirklich erlebt. Dafür war zu viel Geld im Spiel und die Gier danach zu groß.
Dieser Kampf entsprach nie meiner Natur. Doch mein Traum, Fußballprofi zu sein, war so groß, dass ich dieses Spielchen in Kauf nahm. Eine Zeit lang machte es sogar richtig Spaß. Vor allem, weil ich das Glück hatte, immer einer der Besten zu sein, ich große Erfolge feiern durfte und der Konkurrenzkampf in meinen Teams – verglichen mit größeren Profiklubs – noch relativ überschaubar war.

Dieses Gegeneinander findet natürlich nicht nur im Profifußball statt. Unser ganzes (Wirtschafts-)System ist darauf aufgebaut. Der Stärkere schlägt den Schwächeren, der Größere den Kleineren, der Reichere den Ärmeren. Je höher du in der Hierarchie, beispielsweise in deiner Firma, aufsteigst, desto größer wird in der Regel der Konkurrenzkampf, das Gegeneinander, die Unmenschlichkeit. Das „Selfie“ als Symbol unseres Ego-Zeitalters. So wie wir die neumodernen Selfie-Sticks ausfahren, um auch ja selbst auf jedem Foto drauf zu sein, fahren wir auch die Ellenbögen aus, um unsere so hart erkämpfte Position zu behaupten.

Ich glaube daran, dass es wichtig ist, auf sich zu schauen, seinen Weg zu gehen, seine Träume zu verfolgen. Aber ich bin auch fest davon überzeugt, dass es dich noch mehr erfüllt, wenn du deinen Traum in einen gemeinsamen, noch größeren Traum integrierst. Wenn du gemeinsam mit anderen Menschen an einem Strang ziehst, gemeinsam gewinnst und verlierst, gemeinsam Projekte weiterentwickelst, gemeinsam einen Verein oder eine Firma aufbaust. Auf Augenhöhe und mit der nötigen Wertschätzung. Und im Optimalfall sogar durch bedingungsloses Füreinander da sein.

Mit dem Projekt „Träum weiter“ versuche ich, genau so etwas aufzubauen. Mein Traum ist es, Träum weiter zu einer großen „Schule“ zu entwickeln. Sie soll einen Freiraum bieten, in dem sich Gleichgesinnte treffen und austauschen, sich gegenseitig inspirieren und unterstützen können. Ich selbst sehe mich dabei nur als Initiator. Durch dieses Buch und meine Vorträge will ich zum Träumen anregen, in unseren Workshops Menschen ins Tun begleiten. Darüber hinaus agiere ich als Botschafter und Netzwerker für andere wichtige Projekte wie die alternative Fußballschule „teco7“, das österreichisch-indische Sozialprojekt „Zukunft für Kinder“, die Organisation für Behindertensportler „Social Friends“ oder den Fußball- und Theaterverein für Flüchtlinge „PlayTogetherNow“.

Nicht jeder ist in der Lage, sich seine Träume zu verwirklichen. Zumindest nicht alleine. Wer könnte das besser behaupten, als unsere zwei TräumWeiter-TALK-Gäste Mohammad und Robert.
Mohammad habe ich kennengelernt, weil er sich auch für „PlayTogetherNow" einsetzt. Er musste als Kind aus seiner Heimat Afghanistan vor dem Krieg fliehen. Durch seine Offenheit und seinen starken Willen fand er sich relativ schnell in Österreich, einem Land mit völlig anderer Sprache und Kultur, zurecht. Diese Erfahrungen kann er nun weitergeben. In seiner Arbeit bei der „Volkshilfe Wien" unterstützt er geflüchtete Menschen dabei, in Österreich Fuß zu fassen. Er ist so dankbar für die Chance, die ihm Österreich gegeben hat, dass er dieses Glück nun mit anderen Menschen teilt.
Mohammad ist nicht nur ein großartiges Beispiel für ein Miteinander, sondern auch für Integration. Vor einigen Jahren galt er noch als „Belastung" für Österreich, mittlerweile spricht er nicht nur besser Deutsch als viele Einheimische, zahlt nicht nur ordentlich Steuern, sondern ist durch sein ganzes, so fröhliches und sympathisches Wesen ein absoluter Gewinn für dieses Land geworden. Er beweist – wie viele andere auch – wunderbar, wie fremde Menschen unser Land, unsere Kultur, unsere Leben bereichern können. Wenn, ja wenn wir ihnen eine Chance geben.

Mohammad Rezai

Integrationsexperte

Den ganzen Talk findest du auf www.träum-weiter.at/talks

Wie Mohammad hatte auch Robert bereits früh in seinem Leben mit äußerst schwierigen Umständen zu kämpfen. Auch er musste fliehen. Nicht vor Bomben und Granaten, sondern vor seinen eigenen Eltern. Sein Vater war alkhol-, seine Mutter spielsüchtig. Die Zustände wurden so unerträglich, dass er mit 17 Jahren von zuhause abhaute. Mit Hilfe der Caritas fand er ein neues Zuhause und konnte sich Schritt für Schritt von dieser schweren Zeit erholen und auf eigene Beine stellen. Robert arbeitete als Industriekaufmann und holte übers Abendgymnasium die Matura nach. In dieser Zeit fand er Anschluss an die Familie seines Deutschlehrers. Er freundete sich mit dessen Sohn an, wuchs Schritt für Schritt in die Familie hinein und fand in ihr ein neues Zuhause voller Liebe und Geborgenheit.

Bis zu dem tragischen Tag, an dem er den nächsten herben Rückschlag erleiden sollte: Seine komplette neue Familie starb bei einem Autounfall. Und er stand schon wieder alleine da. Diese Tragödie riss ihm den Boden unter den Füßen weg. Robert fiel in ein tiefes Loch, zog sich komplett aus dem sozialen Leben zurück und wurde kaufsüchtig. In kürzester Zeit häufte er Schulden über 12 000 Euro an, verlor seinen Job und landete auf der Straße. Trotz unzähliger Bewerbungen und seines enormen Fachwissens erhielt er keine Anstellung mehr. Mit Gelegenheitsjobs, allen voran Mathematik-Nachhilfestunden, hielt er sich über Wasser (und Brot), aber für ein Zimmer reichte es nicht. Dreieinhalb Jahre lang musste er als Obdachloser auf den Straßen Wiens leben. Bis er Anfang 2016 von den „Shades Tours" Wind bekam und sich sofort bei dem soeben gegründeten Start-up bewarb. Die Shades Tours sind Wienführungen aus der Sicht eines Obdachlosen. Die Vision des Start-ups ist es, Aufmerksamkeit auf die tragischen Zustände der Obdachlosigkeit zu lenken und den Menschen eine Chance zu bieten, zu arbeiten und wieder auf die Beine zu kommen. Die Chance für Robert. Er stellte sich vor, warf sich ins Zeug und überzeugte auch. Nicht nur wegen seiner dreijährigen Erfahrung ohne (eigenem) Dach über dem Kopf, sondern weil er darüber hinaus ein unheimlich netter, intelligenter und sprachbegabter Mensch ist. Er erhielt eine Teilzeitanstellung und damit nicht nur das wichtige Geld, um seinen Lebensunterhalt finanzieren zu können, sondern vor allem wieder soziale Kontakte und Anschluss an die Gesellschaft. Diese neue Aufgabe gab ihm so viel Kraft, dass er sich nach nur einem Jahr nebenbei sogar selbstständig machte. Er hält Vorträge zum Thema Obdachlosigkeit, bietet Sprachkurse für Flüchtlinge an und setzt sich auch darüber hinaus sehr viel für sozial Schwächere ein. Nachdem er mittlerweile das nötigste, das er zum Leben braucht, eine kleine Wohnung, Essen und einen Sinn im Leben, zur Verfügung hat, will er sein Glück nun teilen.

Roberts Schicksal ist nur eines von vielen. Und da rede ich noch gar nicht von den vielen Ländern in dieser Welt, in denen Menschen in Krieg und Armut leben müssen. Nein, selbst bei uns in Österreich gibt es genug Menschen, die dringend Unterstützung brauchen: Alleine in Wien leben über 10 000 (!) Obdachlose. Und das in der „lebenswertesten Stadt der Welt"[4].
Aber es sind nicht nur die Obdachlosen, die es nicht alleine schaffen. Denk' an die Kinder, die Liebe und Geborgenheit brauchen. Die Einsamen, die Gesellschaft brauchen. Die Kranken, die Pflege brauchen. Die Menschen mit Handicaps, die Begleitung brauchen. Oder eben die Flüchtlinge, die ein

[4] *Vom Beratungsunternehmen „Mercer" seit 2009 jährlich auf Platz 1 gewählt.*

Zuhause brauchen. Oder die vielen Individuen, die nicht selbst so stark sind, ihre Ängste allein zu überwinden und ihr Ding durchzuziehen.
Wie und wo kannst du dich einbringen, um dein Glück zu teilen? Wen kannst du durch deine Zeit, deine Mitarbeit oder deine Spende unterstützen? Wo kannst du deinen Traum vielleicht sogar in einen größeren Traum integrieren, um diese Welt ein bisschen besser zu machen? Du musst nicht gleich die ganze Welt retten. Aber vielleicht kannst du mithelfen, das Leben eines einzigen Menschen zu „retten", ihm etwas zu erleichtern oder ihm einen schönen Moment zu bescheren. Das ist schon mehr als genug!
Die US-Amerikanerin Emmy Werner fand mit ihrem Team in ihrer „Kauai-Längsschnittstudie" heraus, dass jeder Mensch zumindest eine innige Bindung zu einer fürsorglichen und fördernden Bezugsperson in seinem Leben braucht, um sich gut weiterentwickeln und in Folge seine Träume verwirklichen zu können. Leider hat nicht jeder von uns so jemanden in seiner Familie. Manchmal muss dafür jemand anderer einspringen, beispielsweise ein Lehrer, ein Trainer oder ein Freund. Falls dir selbst so eine Bezugsperson in deiner Familie fehlt, dann darfst du eine „kosmische Familie" gründen und auch andere Menschen in diese einladen. Auch ich habe in meinem Leben schon verschiedene Bezugspersonen, Freunde, Trainer und Lehrer als Mentoren in meine kosmische Familie aufgenommen. Manche sind geblieben, andere wieder weitergezogen.

Hast du gerade gar keine Träume, bist einfach nur wunschlos glücklich? Wunderbar! Vielleicht willst du dann mithelfen, Träume anderer zu verwirklichen? Oder Träume, die uns alle etwas angehen? Der Frieden auf

Erden, der Stopp der Hungersnot, die Bekämpfung der Obdachlosigkeit, die Gleichberechtigung von Mann und Frau, die Erhaltung der Natur oder der Menschenrechte. Und viele mehr. Es gibt genug Träume auf dieser Welt, die auch deine Träume sein dürfen. Es ist wissenschaftlich bewiesen, dass du glücklicher bist, wenn du etwas für andere tust, sogar glücklicher, als wenn du das Gleiche für dich selber tust. Ein Grund, warum viele arme Menschen selbst dann noch teilen, wenn es schon fast nichts mehr zu teilen gibt.

Überleg' einmal: Einer Freundin oder einem Freund ein cooles, persönliches Geschenk zu machen, bereitet doch tatsächlich mehr Freude, als dir selber eines zu machen. Vor allem, wenn du sie oder ihn einfach mal zwischendurch, nicht zu einem gegebenen, sondern zu einem ganz individuellen Anlass damit überraschst. Es fühlt sich doch auch einfach gut an, jemandem, den du gerne hast, einen Gefallen zu tun. Und seien es scheinbare Kleinigkeiten wie die Tür aufzuhalten, mal ein paar
Faschingskrapfen in die Firma mitzunehmen oder einem Freund oder Kollegen zu sagen, dass er heute richtig gut aussieht. Zeig' Menschen, die du gerne hast, deine Wertschätzung. Auch mit Worten. Sätze wie „Schön, dass es dich gibt“ oder „Ich verbringe gerne Zeit mit dir“ oder „Ich bin stolz auf dich, weil…“ oder „Danke, dass…“ sind nicht nur kostenlos, sondern auch Balsam für die Seele.

Die hohe Kunst besteht darin, bedingungslos zu geben, ohne eine Rückleistung zu erwarten, ohne im Gegenzug gleich wieder die Hand aufzuhalten. Nicht zuletzt nach meinem gelungenen Experiment mit dem frei bestimmbaren

Buchwert von „Freigereist“ kann ich dir versichern: Es wird ohnehin doppelt und dreifach zurückkommen. Nicht immer sofort und auch nicht immer durch die selbe Person. Aber oft genau dann, wenn du es gerade brauchst.

Help others achieve their dreams and you will achieve yours.

1.	2.	3.	4.	5.
6.	7.	8.	9.	10.
11.	12.	13.	14.	

Mit wem umgibst du dich?

André Heller

Universalkünstler

Den ganzen Talk findest du auf www.träum-weiter.at/talks

So unterschiedlich all die Lebensgeschichten unserer 25 TräumWeiterTALK-Gäste und auch die Wege zu ihren Träumen sind, so sehr vereint sie ein Fakt: Sie alle haben sich in ein Umfeld begeben, das ihre Träume unterstützt, sich mit Menschen umgeben, die sie nicht nur akzeptieren und verstehen, sondern im Optimalfall auch fordern und fördern.
Das bedingt oft ein Loslassen und eine Veränderung. So wie Lorenz die Schule wechselte, um sich im Markhof mit Lernbegleitern zu umgeben, die ihm auf Augenhöhe begegnen und ihn als Individuum fördern. Oder wie Viki mit 16 Jahren ihr Zuhause verließ, um beim FC Bayern von den besten Trainerinnen zu lernen und sich mit den besten Spielerinnen zu messen. Oder so wie Chris nach Hollywood auswanderte, um im Mekka der Filmindustrie von anderen Schauspielern zu lernen und Zugang zu guten Coaches und Agenturen zu haben. Oder wie André Heller nach Marrakesch auswanderte, weil dort – wie er in unserem Talk behauptet – mehr spannende Menschen leben als im ganzen deutschsprachigen Raum zusammen.

André Heller, der in den letzten Jahrzehnten in Österreich die Kunst geprägt hat wie kaum ein anderer, erfüllte sich im Jahr 2016 einen riesengroßen Traum. Er eröffnete „Anima", ein Gartenpardies etwas außerhalb von Marrakesch, das Kunst und Natur in seiner schönsten Weise verbindet. Angrenzend an den Garten hat er sich sein privates Reich, einen regelrechten Palast, geschaffen, in dem er seither die meiste Zeit seines Lebens verbringt und sich mit seinen 71 Jahren nach wie vor künstlerisch austobt.
Als ich über Weihnachten 2016 mit meinem ehemaligen Reisekompagnon Ernst Merkinger eine Woche in Marokko verbrachte, dachten wir uns, es

wäre doch cool, den André Heller zu besuchen, wenn wir schon einmal da sind. Da wir unseren Trip sehr spontan gebucht hatten, probierten wir erst gar nicht, dafür einen Termin zu vereinbaren. Schließlich ist der gebürtige Wiener fast schwerer anzutreffen als der Bundespräsident. Wir entschieden, einfach hinzufahren und ihn zu überfallen. Und nach dem Motto „Wenn, dann gscheit!" natürlich genau am Heiligen Abend.

Was dann passierte, war einer meiner „Magic Moments" der letzten Jahre. Kurz vor 17 Uhr, kurz bevor sie den öffentlichen Bereich des Gartens schlossen, schummelten wir uns noch hinein und schafften es bis zum Anima Café. Dort fragten wir ganz frech, ob wir André Heller sprechen könnten. Wir wären extra aus Österreich angereist. Die Dame an der Kassa sah uns an, als ob wir dahergelaufenen und verschwitzten Backpacker nicht wüssten, mit wem wir es da zu tun hätten, doch höflich wie sie war, telefonierte sie hinüber in den Heller-Palast, um uns unmittelbar auszurichten: „Herr Heller hat leider keine Zeit. Aber er meinte, Sie könnten ihm eine Nachricht hinterlassen."

Eh klar. Wie naiv von uns zu glauben, ihn am Heiligen Abend so spontan treffen zu können! Aber eine Nachricht wollten wir ihm trotzdem zukommen lassen. Vielleicht könnten wir ihn ja ein anderes Mal für unsere TräumWeiterTALKS gewinnen. Und da saßen wir, Ernst und ich, zwei leidenschaftliche Schreiber, die in diesem Moment keinen einzigen vernünftigen Satz zustande brachten. Wir wollten die Nachricht natürlich besonders schön formulieren. Wir kriegten es einfach nicht auf die Reihe. Nachdem wir nach zwanzig Minuten schon aufgeben und gehen wollten, stand er plötzlich vor uns. Mit breitem

Stand, verschränkten Armen und skeptischem Blick. Mein Lieblings-Körperspracheexperte Samy Molcho würde jetzt wahrscheinlich analyiseren: „Distanziert. Uninteressiert. Misstrauisch."

Doch irgendetwas machte ihn trotzdem neugierig. Sonst wäre er ja nicht erschienen. Und genau diese Mini-Chance versuchten wir zu ergreifen und erzählten ihm voller Euphorie von unserem Projekt und unserem Marokko-Trip. Und es wirkte. Schon nach wenigen Minuten nahm er uns mit in sein privates Reich, führte uns durch sein Anwesen bis in sein Büro. Zwanzig Minuten später hatten wir einen richtig inspirierenden Talk mit einem der größten und erfolgreichsten Träumer Österreichs im Kasten, der übrigens keine Minute länger hätte dauern dürfen. In dem Moment, als wir wieder draußen waren, gab der Akku unserer Kamera den Geist auf. Mein Lieblingszitat aus unserem Gespräch:

Der Sinn des Lebens, wenn es nur einer sein soll, ist der, aus dem Entwurf eines Menschen einen halbwegs gelungenen Menschen zu machen.

Auf dem Weg zu deinem Traum ist es wichtig, die drei berühmten „W" (Warum? Was? Wie?) zu beantworten. Der erfolgreiche US-Unternehmensberater Simon Sinek hat in seiner Arbeit mit unzähligen Firmen und Führungspersönlichkeiten festgestellt, dass jeder weiß, was er tut, viele, wie sie es tun, aber nur die wenigsten, warum sie es tun. Und von den wenigen, die es wissen, verstehen die meisten nicht, dies auch richtig zu kommunizieren. Dabei ist genau das „Warum" so wichtig. Was ist deine Vision? Was der Mehrwert? Was der Sinn dahinter?

Ein Paradebeispiel für ein Unternehmen, das dies nahezu perfekt beherrscht, ist Apple. Einer der weltweit umsatzstärksten Konzerne hat sein Warum, seine Vision, seine Mission nicht nur bis ins Detail ausgearbeitet und verinnerlicht, sondern trägt es in seiner Kommunikation auch noch großartig nach außen. Genau deshalb kaufen so viele Menschen die Apple-Produkte. Es gibt viele andere Hersteller, die gleich gute oder gar bessere Computer, Smartphones oder MP3-Player herstellen. Doch niemand verpackt und kommuniziert das so gut wie der Technologieriese aus dem Silicon Valley. Vor allem dank Steve Jobs. Obwohl er bereits vor einigen Jahren verstarb, prägt er diese Strategie bis heute. Simon Sinek erklärt in seinem Buch und auch in seinem gleichnamigen TED-Talk „Start with why" ganz wunderbar, warum du immer mit dem Warum starten solltest.

Ich ergänze: Hör' nicht mit den drei „W's", sondern frag' dich unbedingt auch „Mit wem?" Mit wem willst du deine wertvolle Zeit verbringen? Mit wem willst du zusammenarbeiten? Mit wem kannst du dir deine Träume verwirklichen?

Du bist das Produkt deines Umfeldes.

Du bist das Produkt der Menschen, mit denen du am meisten Zeit verbringst. Denn sie haben, ob du willst oder nicht, ob bewusst oder unbewusst, Einfluss auf dich. Durch ihre Gedanken, ihre Taten, ihre Energie. Deshalb achte sehr genau darauf, wer diese Menschen sind. Von wem lässt du dich gerne inspirieren und beeinflussen? Von wem kannst du lernen? Mit wem kannst du Spaß haben? Mit wem kannst du gute Gespräche führen? Von wem kriegst du konstruktive Kritik? Und das Allerwichtigste: Bei wem kannst du so sein, wie du wirklich bist?

Dein Umfeld ist aber auch ein Produkt von dir.

Ali Mahlodji brachte das in unserem TräumWeiterTALK so wunderbar auf den Punkt: „Um bereit zu sein für dein perfektes Umfeld, musst du erst einmal bereit sein, dich selbst zu akzeptieren. Das Schwierigste ist, eine innere Zufriedenheit zu entwickeln, und zwar eine nur mit dir selbst. Eine Zufriedenheit, die nichts mit der Außenwelt zu tun hat. Du bist oft hin- und hergerissen zwischen den Erwartungen von Außen und dem, der du eigentlich bist. So unsicher wie du bist, so unsicher ist auch dein Umfeld. Dein perfektes Umfeld musst du dir aber auch erarbeiten. Wenn du dich selbst weiterentwickelst, entwickelt sich auch dein Umfeld. Manche Menschen mit dir, andere gehen, neue kommen. Dein Umfeld ist ein Spiegelbild von dem, wo du gerade stehst."

Was ich noch von Ali gelernt habe, ist, dass „Wissen an Grenzübergängen von Generationen“ entsteht. In seinem gleichnamigen Blogpost schreibt er Folgendes: „Jede Zeit und jede Epoche hat bei ihren Zeitgenossen Erfahrungen hinterlassen, die im Zuge eines Reflektionsprozesses wertvolles Wissen in sich birgt. Wissen, das vielleicht für weitere Zeugen dieser Zeit nichts Besonderes darstellt, aber für jemanden, der nicht aktiver Teil dieser Zeit war, ein Fundus an neuen Denkweisen beinhaltet. Ein Gespräch mit jemanden, der zehn Jahre reifer oder jünger ist als ich, bringt mir immer mehr als ein Gespräch mit einer gleichaltrigen Person. Der Grund ist einfach: Jemand, der genauso wie ich 34 Jahre +/- wenige Jahre ist, lebt in derselben Lebenswelt wie ich. Diese Person hatte wahrscheinlich dieselben Kindheitshelden wie ich, hat die selben Serien geschaut, ist mit den selben Geschichten aufgewachsen und hat den selben kulturellen Wandel erlebt und so weiter.“
Dementsprechend ist es wichtig, dass du in jeder Phase deines Lebens Beziehungen zu verschiedensten Menschen pflegen:

1. Mentoren und Lehrmeister, von denen du lernen kannst.
2. Menschen auf Augenhöhe, mit denen du lernen kannst.
3. Menschen, die von dir lernen können.

Hast du von jeder „Kategorie" und von jeder Generation zumindest einen Menschen in deinem engeren Umfeld, führt das zu einer wichtigen Balance in deinem Leben und fördert deine Weiterentwicklung.

Loslassen und verändern

Wir machen oft den Fehler, an Beziehungen festzuhalten, die uns nicht mehr erfüllen. Dein perfektes Umfeld darfst du aber natürlich auch verändern. Nur weil du mit jemandem in einer bestimmten Lebensphase viel erlebt hast, heißt das nicht, dass ihr ein Leben lang verbunden sein müsst. Vielleicht habt ihr euch auseinandergelebt, mittlerweile ganz andere Interessen, Ansichten oder Ziele entwickelt. Die meisten Beziehungen sind nur für einen bestimmten Lebensabschnitt bestimmt, nur die wenigsten für immer. Und das ist auch gut so. Wenn du erst einmal loslässt und dich von ehemaligen Freunden und Lebensabschnittspartnern verabschiedest, werden Plätze frei und neue Freunde werden in dein Leben eintreten.
Das ist wahrscheinlich nirgends so einfach wie auf Reisen. Dabei lässt du dein gewohntes Umfeld hinter dir und triffst automatisch nur mehr Menschen, die dich nicht aufgrund deiner Vergangenheit bewerten können, sondern dich so nehmen, wie du jetzt gerade bist. Ein Umzug kann auch helfen. Je weiter weg, desto besser.

Vergleichen

Eine große Hürde am Weg zu deinem Traum könnte auch sein, dass du dich mit anderen vergleichst. Die „Theorie des sozialen Vergleichs" besagt, dass es schlicht und einfach menschlich ist, sich mit anderen zu messen. Du willst wissen, wo in der Welt du stehst. Du willst dich einerseits aufwärts vergleichen, um dich inspirieren zu lassen, um zu sehen, was du noch alles erreichen kannst und dich andererseits abwärts vergleichen, um dein Selbstwertgefühl und Wohlbefinden zu stärken. Es liegt scheinbar in unserer Natur, uns bis zu einem gewissen Grad an anderen zu orientieren. Aber man kann es auch übertreiben. Denn Fakt ist, dass jeder Mensch ein Individuum, jeder der aktuell siebeneinhalb Milliarden Menschen einzigartig ist.

Umgib dich mit Menschen, die dich mehr an deine Zukunft als an deine Vergangenheit erinnern.

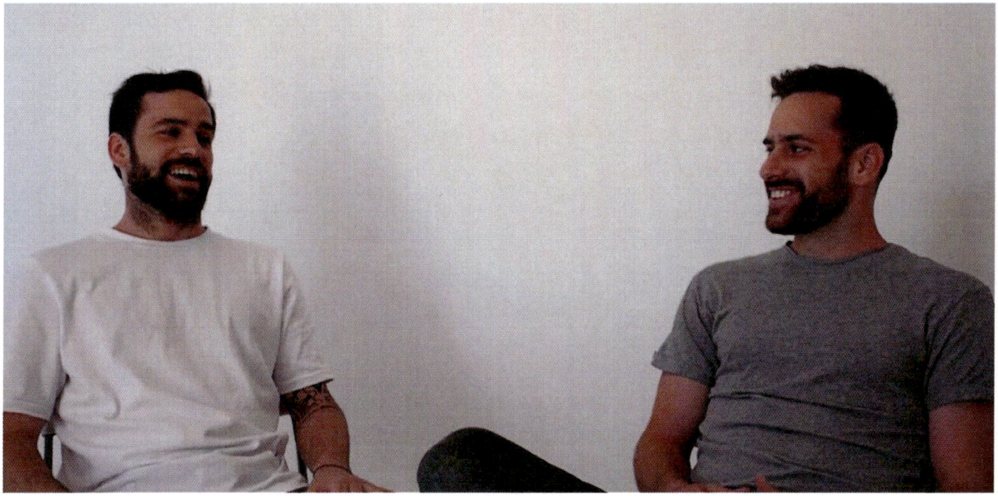

Kevin & Philipp Baltrusch

Zwillinge

Den ganzen Talk findest du auf www.träum-weiter.at/talks

Sogar Zwillinge. So wie unsere TräumWeiterTALK-Gäste Kevin und Philipp Baltrusch. Kevin schlüpfte 18 Minuten vor seinem Bruder Philipp. Ab diesem Zeitpunkt erlebten sie mehr oder weniger dieselbe Kindheit und Jugend:
Sie haben dieselben Gene erhalten, sie haben dieselbe Erziehung genossen, sie haben immer dasselbe Umfeld gehabt. Sie haben dieselben Schulen besucht, sie haben dieselben Freunde gehabt und sie haben dieselben Hobbys, allen voran Fußball, entwickelt.
Ich war bei den beiden schon öfter für ein paar Wochen daheim zu Gast in er Pfalz, in der Zeit, als ich mit ihrem Papa Mike, einem der besten Physiotherapeuten überhaupt, nach meinen schweren Verletzungen an meinen Comebacks arbeitete. Es dauerte am Beginn ewig, bis ich beide voneinander unterscheiden konnte. Denn sie sehen sich nicht nur sehr ähnlich, auch ihre Mimik, Gestik und ihre Worte unterscheiden sich kaum.

Ihre verblüffende Ähnlichkeit haben sie schon des Öfteren in ihrem Leben zu ihrem Vorteil und auch zu ihrem Spaß nützen können. Beim Jahresticket für die Wiener Linien zum Beispiel. Sie teilen sich eines und ersparen sich so jährlich 365 Euro. Einer besitzt die Karte, der andere hat das Ticket auf dem Handy. Ganz easy. Wenn Philipp mal keine Lust mehr auf den Gitarrenunterricht hatte, schickte er einfach Kevin hin. Die Lehrerin hatte keinen blassen Schimmer, dass sie jemand anderen unterrichtete. Auch auf der Uni fiel es nie auf, wenn Kevin statt Philipp die Anwesenheitsliste unterschrieb.
Einerseits also sehr cool, jemanden an deiner Seite zu haben, der nicht nur gleich aussieht, sondern auch gleich tickt und vor allem immer für dich da ist. Andererseits auf Dauer aber auch belastend, immer im Schatten eines anderen

zu stehen. Je älter sie wurden, desto stärker entwickelte sich ihr Gefühl, ihr eigenes Ding machen zu wollen. Vor allem bei Kevin.

Nach der Schule, inklusive einem gemeinsamen Highschool-Jahr in den USA, begann Kevin, jährlich ein paar Monate im Jahr bei seiner Gastfamilie in South Dakota zu verbringen. Ganz allein, um mal Zeit für sich zu haben, sich selbst besser kennenzulernen und als Individuum wahrgenommen zu werden. Ohne Philipp, um nicht ständig verglichen oder von ihm irgendwo hingeschickt zu werden. Im Laufe der Jahre baute er sich in den USA ein zweites Leben auf. Neben seiner zweiten Familie fand er dort Anschluss an einen neuen Freundeskreis und sogar einen Job als Fußball-Coach in einer Highschool. Und so haben sich die beiden in den letzten Jahren in einer gewissen Weise auseinandergelebt und sich dementsprechend zu zwei verschiedenen Persönlichkeiten entwickelt. Kevin, der Vernünftige, der Überlegte und Erwachsene. Philipp, der Draufgänger, der Impulsive, der Schlampige. Kevin meint in unserem TräumWeiterTALK, er habe durch seine USA-Aufenthalte Philipp in gewisser Weise zurückgelassen. Es war einfach wichtig für seine Entwicklung, sich von seinem Bruder zu lösen, um sich selbstständig machen zu können und seinen eigenen Weg zu beschreiten. Denn egal wie ähnlich man einander ist, hat doch jeder seine eigenen Talente, Wünsche und Aufgaben im Leben.

Phillipp kämpfte mit dem Loslösungsprozess schon ein wenig mehr. Ihm fiel es schwerer, Kevin gehen zu lassen. Doch Schritt für Schritt spürte auch er, dass es an der Zeit war, sich auf eigene Beine zu stellen. Und dass die

Verbindung zwischen den beiden nicht schwächer wird, nur weil sie nicht mehr alles zusammen machen. Ganz im Gegenteil machte Kevin seinem Bruder in unserem Talk ein Liebesgeständnis: „Einen Zwillingsbruder zu haben ist das größte Geschenk. Er ist ein Partner fürs Leben."

Dieser Loslösungsprozess der beiden ist ein schönes Beispiel, wie wichtig es ist, dich als eigenständigen, einzigartigen, vielleicht auch eigenartigen Menschen wahrzunehmen. Es macht dich auf Dauer einfach unglücklich, wenn du dich ständig vergleichst. Denn es wird immer jemanden geben, der scheinbar schöner, stärker oder intelligenter ist als du. Die oder der Einzige, mit der oder dem du dich vergleichen solltest, bist du selber. Wer und wie warst du vor einem Jahr, vor fünf oder zehn Jahren? Hast du dich weiterentwickelt oder bist du stehengeblieben? Das ist meiner Meinung nach der einzige Vergleich, der wirklich Sinn macht.

Es liegt nicht nur in der Natur des Menschen, sondern ist leider auch Teil unseres Systems, uns an anderen zu orientieren. Schon in der Schule sorgen die Noten dafür, dass wir uns ständig vergleichen (müssen). Im Sportverein sind es die Ergebnisse, an denen wir gemessen werden. Niemand fragt nach einem Fußballspiel, wer schöner gespielt hat. Papa will nur wissen, ob du gewonnen, und falls nicht, zumindest ein Tor geschossen hast. Statt dich spielend kreativ austoben zu dürfen, musst du schon früh auf Kampfmodus umschalten. „Kämpfen und siegen" lautet das Motto vieler Trainer und Vereine. Ich weiß nicht, ob ihnen bewusst ist, was sie den Kindern damit antun.

Werbung und Social Media

Die Werbeindustrie versteht es perfekt, auf diesem sozialen Vergleich aufzubauen und dir ständig etwas unter die Nase zu reiben, das dich scheinbar gesünder, schöner und besser, dein Leben länger, aufregender und glücklicher machen soll. Als wäre diese Manipulation nicht schon genug, legen die vielen Narzissten unter uns auf den diversen Social Media Kanälen noch eins drauf: Wir posten coole Fotos unserer Abenteuer auf Instagram, teilen unsere Highlights und erfüllten Träume auf Facebook. Eine großartige Möglichkeit, uns über Likes Bestätigung zu holen. (Es ist wissenschaftlich bewiesen, dass erhaltene Likes Dopamin ausschütten.) Na klar wollen wir uns von der besten Seite zeigen! Aber natürlich ist das nur eine Seite der Medaille. Wer postet schon gerne ein Foto, auf dem er nicht gut aussieht oder wer erzählt eine „Story", wenn es ihm schlecht geht oder er an etwas gescheitert ist?

Und obwohl du das weißt, lässt du dich davon beeinflussen. Du vergleichst dich – zumindest unbewusst – mit den anderen glanzvollen Facebook- und Instagram-Profilen. Geht es dir gut, bekommst du das Gefühl, da geht noch mehr. Geht es dir schlecht, geht es dir dann noch schlechter.
Und dann bist du vielleicht auch noch so naiv oder sensibel, dir diverse Hasspostings zu Herzen zu nehmen, obwohl du ganz genau weißt, dass dies nur Menschen tun, die sich selber hassen.
Vor allem Kinder und Jugendliche pflegen ihre Kontakte oft nur mehr über die virtuelle Welt, haben verlernt oder nie gelernt, sich füreinander Zeit zu nehmen, jemandem wirklich zuzuhören, einen Dialog zu führen, Kritik persönlich zu äußern und sich bei all dem in die Augen zu schauen.

Facebooks Vision ist es, Menschen auf der ganzen Welt zu vernetzen. Diese Chance ist unbestritten. Doch ebenso besteht die Gefahr, dass genau das Gegenteil passiert. Vor lauter Überforderung und Reizüberflutung verlieren viele die wahre Verbundenheit: Zu ihren Mitmenschen, zu der Natur, zu sich selber.

1.	2.	3.	4.	5.
6.	7.	8.	9.	10.
11.	12.	13.	14.	**15.**

Fällt es dir schwer, loszulassen?

Es war einmal der kleine Peter Alexander.
Mit acht Jahren sagte er zu seiner (alleinerziehenden) Mama: „Wenn ich einmal groß bin, werde ich Fußballprofi. Dann musst du nicht mehr so hart arbeiten, kann ich unsere Rechnungen bezahlen und wir können auch mal länger auf Urlaub fahren."
Jeder anderen Mama wären vermutlich vor Rührung die Tränen in den Augen gestanden. Nicht Monika. Sie ist anders. „Träum weiter", war ihre Reaktion in ihrer gewohnt direkten, ehrlichen und undiplomatischen Art. Sie hatte einfach nicht daran geglaubt. Warum sollte sie auch? Schließlich wollten doch zehntausende andere Burschen in seinem Alter auch Profi werden. Warum sollte gerade ihrem Sohn das gelingen?
Monika hatte P.A. aber auch nie Steine in den Weg gelegt, ganz im Gegenteil hatte sie jahrelang ihre wertvolle Freizeit geopfert, um ihn zu sämtlichen Trainings und Spielen zu fahren. Nicht damit er Profi werden konnte, sondern weil sie einfach spürte, wie glücklich ihn das Fußballspielen machte.

Als P.A. 12 war, rief eines Nachmittags der Nachwuchsscout des Bundesligaklubs SV Ried bei ihnen zuhause an, um ihn zu einem Probetraining einzuladen. Als seine Mama am Abend von der Arbeit nach Hause kam, erzählte er ihr davon und richtete ihr aus, sie sollte den Herrn Arminger zurückrufen. Jetzt glaubte Monika endgültig, ihr Sohn sei verrückt geworden.

Als P.A. 18 war und sein erstes Profigehalt auf seinem Konto eintrudelte, rief ihn seine Mama an: „Hallo Lieblingskind! Gratuliere zum ersten Profivertrag! Wann fahren wir auf Urlaub?"

Seine Antwort war aufgelegt: „Träum weiter, Mama. Du hast doch nicht wirklich geglaubt, dass ich das damals ernst gemeint habe? Was weiß schon ein 8-Jähriger?“

Ich wurde in meinem bisherigen Leben immer wieder gefordert, loszulassen. Oft weil ich wollte, manchmal weil ich musste. Mit 4 meinen Papa, nachdem sich meine Eltern scheiden ließen. Mit 12 meine Mama, meinen Stammverein und all meine Freunde, um nach Ried zu übersiedeln und dort meinen Kindheitstraum verfolgen zu können. Mit 25 meinen Kindheitstraum, um erwachsen zu werden und um mich in der großen weiten Welt zu verlieren, um mich neu erfinden zu können. Mit 27 meine Ex-Partnerin, um mich von der emotionalen Abhängigkeit zu lösen und das Glück in mir selbst zu entdecken. Ich habe mich immer dann von etwas verabschiedet, wenn ich spürte, dass die Zeit reif war, loszulassen, weiterzugehen und weiterzuträumen. Auch wenn das oft unheimlich schwierig war, manchmal gar umöglich schien.

Nie stehen zu bleiben hat dazu geführt, dass ich nun mit 30 Jahren mehr ich selbst bin als je zuvor. Im Alter von 30 Jahren, löse ich mich nun auch Schritt für Schritt von meinem Ego, das mich mein ganzes Leben lang so stark geprägt hat. Als Einzelkind, als „Marke“, als Produkt meines Umfeldes. Gar nicht so einfach, wenn du 30 Jahre lang geglaubt hast, der Mittelpunkt des Universums zu sein, doch eigentlich nur ein „Arsch im Raum der Zeit“ bist, um es in den Worten der Band „Wizo“ auszudrücken.

Mein nächster Traum: Familie gründen

Ich fühle mich bereit, den nächsten Schritt zu machen. Dafür, meine Talente und Träume in ein größeres Ganzes zu integrieren und damit andere Menschen zu inspirieren und zu unterstützen. Und ich fühle mich bereit, Verantwortung zu übernehmen. Nicht mehr nur für mein Leben, sondern auch für das unserer zukünftigen Kinder. Dieses Buch ist nicht zuletzt für euch. Ich hoffe, euch wird's gefallen. Liebe Judith, ich kann es kaum erwarten, mit dir eine Familie zu gründen.

Wahrscheinlich ist es auch kein Zufall, dass ich mittlerweile auch zu meinen Eltern wieder ein viel besseres Verhältnis pflege. Ich darf Schritt für Schritt meinen Papa kennenlernen und endlich das Versprechen an meine Mama einlösen: Nach ewig langer Zeit werden wir heuer wieder einmal gemeinsam auf Urlaub fahren. Dieses Mal – wie damals versprochen – auf meine Kosten.

Dieses Universum ist so viel größer als du selbst. Was sind wir schon auf dieser Welt? Ein kleines Manschgerl oder Frauschgerl, das im Laufe der zumindest 300.000 Jahre alten (belegten) Geschichte des Homo Sapiens für ein paar Jahrzehnte sein Unwesen treiben darf. Und das auch nur auf einem von acht Planeten in unserem Sonnensystem. In nur einem von zumindest über 100 (belegten) Sonnensystemen dieser Galaxie.

Wir sind so klein und glauben doch, so groß zu sein. Wir glauben, die Welt verändern zu können, doch können wir in Wahrheit nur uns selbst verändern. Es geht um nichts und wir glauben doch um alles. Wir glauben, alles auf einmal tun zu müssen, doch sind in Wahrheit am effektivsten, wenn wir „nichts" tun. Doch was weiß ich schon. Ich bin doch auch nur eines dieser aktuell circa siebeneinhalb Milliarden dahergelaufenen Menschgerl, das in der Eileiter-Lotterie seiner Mutter gewonnen hat. Ein zufälliges Produkt aus einer von hunderttausenden Eizellen, die sich auf den Weg machte, um von einem der tausenden Spermien besprungen zu werden. Reiner Zufall. Und ein Unfall noch dazu. Ich war ja nicht einmal geplant.

Was ich also weiß, ist, dass ich – so wie du – ziemlich Schwein habe, überhaupt hier sein zu dürfen. Und alles, was ich sonst noch weiß oder glaube zu wissen, ist einzig und allein meine Wahrheit, die Realität, die ich mir in meinen letzten 30 Jahren aufgebaut habe. Um es nicht ganz so subjektiv wie in meinen ersten beiden Büchern zu halten, war es mir ein Anliegen, in dieses Buch auch andere Realitäten einfließen zu lassen. Die Realitäten von 25 sehr verschiedenen, relativ bis sehr glücklichen und erfolgreichen Persönlichkeiten, mit denen ich mich intensiv beschäftigt habe. Plus die Erkenntnisse und Erfahrungen der unzähligen anderen Menschen, die ich mit der Frage „Was ist dein Traum?" konfrontiert habe. Vielen bin ich damit sicher auf die Nerven gegangen, aber viele haben die Frage auch als Anlass genommen, darüber nachzudenken, was ihre Träume sind, wer sie selber überhaupt sind und was sie mit ihrem Leben anfangen wollen. In diesem Sinne hoffe ich, dass du diese Frage – so wie die eine oder andere der unzähligen weiteren in diesem Buch – in dein weiteres Leben mitnehmen kannst, um deine ganz persönlichen Antworten darauf zu finden.Denn was ich glaube, ist, dass du bereits am richtigen Weg bist, wenn du dir diese Fragen immer wieder stellst, sie ganz bewusst für dich beantwortest und zumindest versuchst, dein Leben danach auszurichten. Du musst die Antworten nicht im Außen suchen. Sie stecken in dir.

Gerald Hüther

Neurobiologe & Hirnforscher

Den ganzen Talk findest du auf www.träum-weiter.at/talks

Der wunderbare Neurobiologe Gerald Hüther ruft immer dazu auf, dein Leben als Entdecker und Gestalter zu verstehen. So wie auch in unserem TräumWeiterTALK. Diese wunderbare Welt zu entdecken, dich dabei immer besser kennenzulernen und dein Leben selbst zu gestalten, anstatt dich fremdbestimmen zu lassen. Wenn du damit erst einmal beginnst, kannst und willst du ohnehin nicht mehr aufhören.
Und was ich noch glaube ist,dass es sich immer lohnt, deine Träume zu verfolgen. Selbst wenn du sie dir nie verwirklichen wirst. Denn viel wichtiger als an einem Ziel anzukommen, ist, erst mal die richtige Richtung einzuschlagen. Stimmt der Weg, folgst du deiner Begeisterung, wirst du Spaß haben, dich weiterentwickeln und automatisch Gleichgesinnte anziehen. Der Rest kommt (fast) von alleine. Du darfst Vertrauen ins Leben, ins Universum, in Gott – wie auch immer du es oder ihn nennen möchtest – haben, dass dann die richtigen Dinge für dich passieren werden. Ob du dann tatsächlich dort ankommen sollst oder ob das Leben etwas anderes mit dir vorhat, wirst du herausfinden. Genau das macht das Leben ja so spannend.

Und was ich noch glaube, ist, dass wir auf dieser Welt sind, um eine gute Zeit zu haben. Und zwar gemeinsam. Egal was du tust, warum du es tust, wie du es tust und mit wem du es tust: Am Ende des Tages geht es doch darum, dass du an möglichst vielen Abenden schlafen gehst und sagen kannst: „Das war heute im Großen und Ganzen ein guter Tag. Und ich freue mich auf morgen.“ Das wünsche ich dir. Gibt es etwas in deinem Leben, das dir nicht gut tut, von dem du dich lösen möchtest? Was hindert dich daran, loszulassen? Wovor hast du Angst?

Das Loslassen ist das Natürlichste der Welt. Dein Leben beginnt und endet damit: Bei deiner Geburt darfst du dich von deiner Mutter lösen, bei deinem Tod von dieser Welt. Und dazwischen glaubst du tatsächlich, an allem festhalten zu müssen.

Die Schwierigkeit liegt darin, dass du das Neue oft erst erkennen kannst, wenn du das Alte hinter dir gelassen hast, dass du die eine Tür erst zumachen musst, bevor sich eine neue öffnen kann. Und manchmal gehört es eben auch dazu, dich im Gang dazwischen, im „Nichts", in der Orientierungslosigkeit zurechtzufinden. So ähnlich wie Tom Hanks in „Terminal" als Viktor Navorski: heimatlos, am Flughafen gefangen, zwischen zwei Destinationen. Doch genau hier liegt die Chance: Wenn du es schaffst, diesen Leerraum in einen Freiraum zu verwandeln, kannst du in diesen Phasen nicht nur viel über dich selbst lernen, sondern Kraft schöpfen, um deinen neuen Weg zu beschreiten.

Die einzige Konstante ist Veränderung.

Heraclitus

Dein Film, dein Traum

Viele Menschen, die kurz vorm Sterben doch noch gerettet werden und Nahtoderlebnisse erfahren, berichten, kurz dem scheinbaren Tod noch einmal ihr ganzes Leben als Film ablaufen zu sehen. Mit welchem Film willst du dich einmal verabschieden? In welcher Rolle? Mit welchen Schauspielkollegen? Was sollen die Höhepunkte sein? Wie das Ende?

Auch wenn du es nicht glauben magst, aber für die Produktion deines ganz persönlichen Blockbusters gibt es eine Deadline. Im wahrsten Sinne des Wortes. Zumindest in diesem Leben. Das Problem ist nur, dass du das Datum nicht kennst. Deshalb hör besser auf, deine Wünsche, Sehnsüchte und Träume aufzuschieben. Das Ende könnte dich schneller einholen, als dir lieb ist. Und dann vielleicht ohne Happy End. Das einzige, das du wirklich bewegen und verändern kannst, bist du selber. Und das auch nur im Hier und Jetzt. Mach' den ersten Schritt auf dem Weg zu deinem Traum. Beginne, Verantwortung zu übernehmen, dein Leben aktiv zu gestalten und es selber zu bestimmen.

Du hast jeden Tag die Wahl: Noch einmal auf „Schlummern" drücken und dich noch mal umdrehen oder doch lieber aufstehen und das Licht aufdrehen?

Was ist dein Traum?

Nachwort

Nach drei Jahren der Recherche und einem halben Jahr der Schreiberei spüre ich, dass die Zeit reif ist, dieses Buch (fürs Erste) abzuschließen und es in die Welt hinauszutragen. Auf meiner Reise durch Sri Lanka habe ich das perfekte Platzerl dafür gefunden: Ein kleines „Guest House" in den Bergen etwas außerhalb von Kandy im Zentrum der Insel. Hier auf 1.800 Metern habe ich sowohl den nötigen Überblick, um dieses unendliche und abstrakte Thema der Träume noch einmal ordnen zu können, als auch mit Michael, dem Gastgeber, den perfekten Gesprächspartner, der mich mit guten und „unguten" Fragen zum Buch noch einmal so richtig herausfordert und meine Sinne schärft. Michael ist gebürtiger Engländer, der außer in England und Sri Lanka auch schon in Dänemark, Israel, Indien und Australien gelebt hat. Und dazwischen hat er dutzende andere Länder bereist. Dementsprechend weit und tief gehen seine Fragen. Hier die beiden, die mich in diesen Tagen am meisten beschäftigt haben:

Ist es nicht naiv zu glauben, dass sich jeder Mensch seine Träume verwirklichen kann?

War es naiv von mir, mit acht Jahren zu glauben, Fußballprofi werden zu können? War es naiv von Michi Strasser zu glauben, den Weltrekord eines 4er-Teams ganz alleine zu brechen? War es naiv von Ali Mahlodji zu glauben, es vom Flüchtling, Stotterer und Schulabbrecher zum EU-Jugendbotschafter, erfolgreichen Unternehmer und internationalen Topspeaker zu schaffen?

War es naiv von Chris Kager zu glauben, Schauspieler in Hollywood zu werden? War es naiv von Arnold Schwarzenegger zu glauben, Gouverneur von Kalifornien zu werden? War es naiv von Nelson Mandela zu glauben, trotz seiner lebenslagen Haft noch mal freizukommen, Präsident zu werden und die Apartheid zu besiegen?

Lasst uns doch bitte wieder etwas naiver, wieder mehr Kind sein! Lasst uns an unsere Träume glauben und uns zumindest versuchen, sie zu verwirklichen. Ja, natürlich ist es naiv zu glauben, dass sich jeder Mensch seine Träume erfüllen kann. Klar, wir sind im Jahr 2018 noch ziemlich weit davon entfernt. Aber auch wenn es in weiter Ferne liegt, bedeutet das nicht, dass es unmöglich ist. Ich habe große Hoffnung in die Menschheit, vor allem in die junge Generation und die Nachkommenden. Die Change Maker und Weltverbesserer, die an den Lösungen für eine bessere Welt arbeiten, werden definitiv mehr! Die Aufgabe unserer Großeltern nach dem Zweiten Weltkrieg war es, zu überleben. Die unserer Eltern, für Sicherheit und Wohlstand zu sorgen. Unsere ist es nun, dieses Glück zu teilen. Denn es ist genug für alle da. Die Zeit ist reif für Veränderung.

Die Globalisierung lässt uns Schritt für Schritt zu einem großen Ganzen zusammenwachsen. Das Internet gibt uns die Möglichkeit, uns weltweit zu vernetzen, voneinander zu lernen und eine gemeinsame Zukunft zu gestalten. Die zunehmende Technologisierung ist eine riesige Chance. Wenn wir verstehen, damit umzugehen und sie zu unserem Vorteil zu nützen, ist sie eine Möglichkeit, die langweilige und mühsame Arbeit an Maschinen und Computern abzugeben und uns nicht mehr über unsere Jobs definieren zu müssen, sondern uns stattdessen unseren Träumen widmen zu dürfen.

Die Welt ist heute in fast allen Bereichen besser geworden. Auch wenn uns die Medien mit ihrer negativen Berichterstattung immer das Gegenteil beweisen wollen und es oft nicht so scheint: Ja, es gibt noch viel zu viel Leid. Und ja, es gibt auch einige Dinge, wo wir in die falsche Richtung rudern. Aber in vielen wesentlichen Fragen haben wir uns in der Menschheitsgeschichte Schritt für Schritt positiv weiterentwickelt. Der Neurowissenschafter Steven R. Quartz mahnt in einem Artikel in der „NZZ" zur Ruhe und bestätigt, dass die Welt in nahezu allen Maßstäben heute besser ist als je zuvor: „Faktisch hat sich die extreme Armut in den letzten zwanzig Jahren nahezu halbiert – etwa eine Milliarde Menschen sind ihr entkommen. Der materielle Wohlstand – Einkommen und Löhne, reduzierte Säuglingssterblichkeit, Lebenserwartung, Zugang zu Bildung (insbesondere für Frauen) – hat in den letzten Jahrzehnten rasant zugenommen. Die Anzahl von Demokratien unter den Entwicklungsländern hat sich seit den 1980er Jahren verdreifacht, während die Zahl von Menschen, die bei bewaffneten Konflikten getötet wurden, um 75 Prozent gesunken ist.Lass' dich nicht von der negativen Berichterstattung beunruhigen. Oder noch besser: Ignoriere sie.

Romantische Idee, gemeinsam zu träumen und unser Glück zu teilen. Doch die Realität sieht ganz anders aus. Es ist ein menschlicher Instinkt, gewinnen zu wollen.

Stimmt! Deshalb ist es höchste Zeit, in unserer Evolution voranzuschreiten. Wir sind ja auch keine Affen mehr. Und auch dieses Jäger- und Sammlerspielchen dürfen wir langsam sein lassen. Wir müssen niemanden mehr fressen oder ausbeuten, um überleben zu können. Ganz im Gegenteil gibt es doch schon so viele wunderbare Beispiele, wie schön es sein kann, gemeinsam zu gewinnen. Es ist an der Zeit, statt uns von unseren tieferen Instinkten oder unserem Verstand leiten zu lassen, unserer Intuition zu vertrauen. Es ist an der Zeit, statt uns von unseren Ängsten beherrschen zu lassen, in die Liebe zu investieren. Sie ist stärker als alles andere.

Vorträge

„Wie Menschen ihre Potenziale am besten entfalten."
In meinem Vortrag fasse ich die wichtigsten Erkenntnisse meiner Talkgäste zusammen und ergänze sie mit meinen eigenen Erfahrungen als Fußballprofi, Weltreisender und Coach.

Workshops
Gemeinsam mit Mentaltrainer Sascha Soulek habe ich einen Workshop für Menschen entwickelt, die gemeinsam an Zielen und Träumen arbeiten. In diesem Workshop lernst du sowohl, dein eigenes Potenzial voll auszuschöpfen, als auch dieses in ein größeres Ganzes zu integrieren. Er eignet sich perfekt für Unternehmen, Schulen und auch Vereine.

Anfragen, Anmeldung und nähere Infos unter: www.träum-weiter.at

Träume verändern

In „Träume verändern" erzähle ich von meinen Erfahrungen aus dem Fußball. Beginnend mit meinem Kindheitstraum, Profi werden zu wollen, über meinen Weg dorthin bis in die Bundesliga und das Nationalteam. Inklusive all der Höhen (Cupsieger und U20-WM-Vierter) und Tiefen (vier schwere Verletzungen), die mich auf dem Weg begleitet haben. Zudem behandle ich das System Profifußball und beschäftige mich auch mit Themen rund um den Fußball wie Konkurrenz, Druck, Medien und Sponsoren und vielen mehr.

Freigereist

459 Tage bin ich um die Welt gereist, um mich zu verlieren und mich auf dem Weg wiederzufinden. In „Freigereist" erzähle ich von den schönsten Erlebnissen und Begegnungen auf dieser Weltreise, was so eine Reise in dir auslösen kann und warum es so wichtig ist, loszulassen, um bereit für Neues zu sein.

Leseproben und Bestellung unter: www.träum-weiter.at

Über den Autor

P.A. erfüllte sich mit 18 Jahren seinen großen Traum, Fußballprofi zu werden. Nach sechs intensiven Jahren voller traumhafter Erfolge einerseits und schwerer Verletzungen andererseits spürte er, dass die Zeit reif war, um sich zu verändern. Im Zuge seiner 15-monatigen Weltreise konnte er sich in der großen weiten Welt verlieren, um sich auf dem Weg neu zu erfinden.

In seinem aktuellen Projekt „Träum weiter" darf er seine größten Leidenschaften verbinden: Das Schreiben, das Reden und das Mentoring. In seiner Talkshow trifft er inspirierende Persönlichkeiten, von denen wir alle lernen können, in seinem Blog beschäftigt er sich mit Themen rund ums Träume-Verwirklichen, in seinen Workshops begleitet er Menschen am Weg zu ihren Träumen und in seinen Vorträgen inspiriert er seine Zuhörer.

Mit Judith hat er seine Traumfrau und eine leidenschaftliche Lehrerin an seiner Seite. Die beiden brennen für die Bildung, begeistern sich für den Sport und lieben das Reisen.